オックスフォード式

# 勉強感覚の育て方

頭のよさは
10歳までに決まる

著 チョ・ジウン
オックスフォード大学教授
訳 北野博己

Discover

プロローグ

# 私たちは今、子どもの未来を蝕《むしば》んでいる

韓国にときどき帰るたびに、友人や知人らがため息をつく姿を見ました。親ばかりか、子どももうんざりしているように見えました。

「子どもの教育のことを考えると頭が痛い」と、みな口にします。

ある友人は、「教育費の負担は大きいけれど、他の子がみんなインターナショナル幼稚園や塾に通っているのに、うちだけ通わせないわけにはいかない」と言っていました。

その後、私はイギリスで英語不安（英語を使おうとすると緊張し胸がどきどきする症状）を研究するようになり、韓国の子どもたちの英語不安が深刻であることを知りました。子どもの英語不安ストレスを問題視する先生がいるかと思えば、一方でその先生を非難する母親もいます。

実に困惑しました。多くの投資をしながら、みなが下り坂を下っているのです。

「競争的な環境や教育政策のせいで、どうしても子どもの教育は画一的な方法にならざるを得ない」。周囲のそんな言葉に、私は疑問を持たずにいられませんでした。

私は韓国の小学校に通い、ソウル大学で学位と修士号を取得しました。イギリスで言語学の博士号を取り、オックスフォード大学に教授として15年近く在職しています。

児童の言語発達を研究し、韓国とイギリスの両方を知る教育者であり、2人の娘を自分の育て方で育てた母親でもあります。

また、オックスフォード大学で新入生を選抜する入試面接官として、一流大学と未来社会がどんな人材を求めているのかを日々追究しています。

現在の教育環境を理解できないわけではありませんが、もしかしたら親たちに必要なのは完璧な環境作りではなく、子どもを正しく育てる必然性と勇気ではないでしょうか。

これまで私がオックスフォードで行ってきた研究と、自らの子育て経験をもとに、子どもも親も共に幸せに学べる方法を、親御さんたちに伝えたいと思います。

2023年1月5日、イーロン・マスクは自身のX（旧ツイッター）アカウントで次のようにつぶやきました。

It's a new world. Goodbye homework!（これは新しい世界だ。宿題よ、さようなら！）

これが投稿される2日前、米国ニューヨーク市教育局は、学校オンライン端末およびインターネットネットワークにおける、チャットGPTへの教師と学生のアクセスを禁止しています。

チャットGPTは、イーロン・マスクとサム・アルトマンが共同で設立したAI研究所OpenAIが開発した、対話型人工知能チャットボットです。

チャットGPTは、公開2カ月で世界のユーザー数が1億人に達するほど急速に拡大しました。

**このAIサービスが、世界中の教育現場に地殻変動を起こしています。**

チャットGPTを使えば誰でも、簡単な質問だけで、知りたいことの答えを瞬時に得ることができます。

チャットボットとやり取りすると、質問と答えが、一つの対話となって流れを作っていくため、細かく柔軟な質問も可能です。

今や、知識と情報へのアクセス方法が完全に変わったのです。

検索サイトでキーワードを変えながら検索したり、オンライン論文や電子書籍を探したり、オンライン掲示板に質問を投じて、いつ来るかわからない専門家の返事を待ったりする必要はなくなりました。

今のところデータの学習量が制限的なので答えは完璧とは言えませんが、AIは今この瞬間にも学習し続けており、今後その性能は目覚ましい速度で改善されていくと思われます。

世界中の学校が、チャットGPTの影響力を体感中です。

学生たちはチャットGPTで宿題をやり始め、教師はそれを防ごうと空しく奮闘しています。ニューヨークはチャットGPTの校内使用を禁止しましたが、学校の外での使用をやめさせるのは現実的に困難です。

イギリスを含む75カ国の大学の認定を受けた高校課程IBディプロマプログラムを

提供する国際バカロレア機構は、2023年2月27日、学生たちのチャットGPT使用を禁じないと発表しました。

イーロン・マスクが放った「宿題よ、さようなら！」という言葉は、めまぐるしく変化する世の中を受け入れよ、という意味にも聞こえます。

ほとんどの韓国人は、学校で暗記と要約に代表される教育を受けてきました。試験の前に教科書の内容を丸暗記し、みな同じ試験を受け、覚えたことを書き出します。そして、**暗記した知識と情報の量によって評価されます。この評価を手にして、私たちは社会に出ました。**

2001年に「デジタルネイティブ」という単語が登場し、二十数年が過ぎました。私はアルファ世代（2010年代序盤～2020年代中盤生まれ）の子どもたちを「**AIネイティブ**」と呼ぼうと思います。

生後まもなくSiriやAlexaと対話し始める子どもたちは、今後私たちの想像もつかない未来世界を生きることでしょう。

世の中がこれほど速く変化しているのに、私たちは旧世代の価値観を今の世代、未来の世代の子どもたちに押し付けています。

２０４０年代、２０５０年代に成人する子どもたちが受けるべきなのは、これまでと同じ教育でしょうか。

これからの世界で生きていくために、子どもたちにはまた別の力が必要になるでしょう。

子どもたちがその力を伸ばせるよう、私たちはどうサポートすればよいでしょうか？

20世紀の頃、教育のモットーは「標準化」でした。

すべての生徒がすべての科目で「平均点」を取るよう教えられ、標準化された仕事に就けるよう仕込むことが教育の主たる目標でした。

しかし、今は脱・標準化の時代です。

平均に執着する標準化から脱し、各自の個性と創造性を伸ばす教育が必要です。

手早く情報を伝える暗記式教育をやめ、観察と理解、質問と対話のための時間を、子どもたちに十分に与えてあげなければなりません。

**机の前で一人寂しく耐える学習から脱し、世界に向けて想像力を広げられる教育、人々と共存して生きていける教育が必要**なのです。

心から子どもの幸せな人生を望むなら、子どもではなくまず親が変わらなければなりません。

毎日同じように回し車のリスのように机の前で勉強させたり、他の家と同じことを子どもにさせるために東奔西走したりしないよう、自ら努力しなければなりません。

子どもたちがそれぞれ自分の才能を見つけ、その才能を最大限開花できるよう助けてあげましょう。

もちろん教育が変わり社会が変わるべきですが、必要な変化の規模が大きいほど、大切なのはまず個人から始めることです。教育政策が変わるまで待っていては遅すぎます。

子どもをまっとうに教育する機会を、逃してはなりません。

まさに親が今、ふさわしい教育を実践すべきです。一人ひとりの実践が集まれば、ついにはさらに大きな変化のための転換点が作られるでしょう。

特に学者や教授にならなくても、人生は勉強の連続です。

そして、勉強にも感覚（センス）が必要です。この感覚が目覚めたとき、子どもは楽しく学び、充実した勉強ができます。

勉強感覚は、学習感覚・英語感覚・未来感覚・コミュニケーション感覚・幸せ感覚の五つを総合した力です。本書では、それぞれ順を追って解説していきます。

この勉強感覚を養うために、最も力になれるのは親です。問題ばかりたくさん解かせ、長時間じっと机の前に座って耐えるよう強要すると、勉強感覚はむしろどんどん鈍くなっていく恐れがあります。

勉強感覚は学ぶことへの開放的な態度、論理的なアプローチ、積極的な表現など、多様な側面から総合的に形成されます。

今何よりも伸ばしたい感覚は、周囲の環境や物事への好奇心や探究心、楽しむ気持ちです。

　この感覚がないと、当面は学業で頭角を現わしても、のちにもっと深く広く学ぶべきときに壁にぶつかるでしょう。この**勉強感覚を身に付ける最初のステップは、子どもが何を楽しんでいるかを把握すること**です。


　言語学者としての考えでは、学びにおける知識習得は言語習得と似ています。言語をうまく習得するためには、学問的な知識習得を越え、他人と接することで感覚を磨かなければなりません。

　同じように、うまく学ぶためには他人、特に親との相互作用が必要です。そしてこの過程で最も大切なのが、**親が「待つこと」**です。


　本書の中で、私は子どもの勉強をイギリスの紅茶文化にたとえて説明しています。イギリスでは、ティータイムは待つ時間です。イギリス人にとって紅茶は、コーヒーのようにさっと淹れてフーフー冷ましながら急いで飲む飲み物ではありません。

　ティータイムは忙しい日々に余裕をくれます。朝は今日1日をゆっくり展望し、午後は一息ついて再び仕事を始める活力になります。家族や同僚と交流できる、コミュニケーションの時間でもあります。こうした時間が生活にハリを与え、1日を2倍も3倍も豊かに感じさせてくれるのです。

今、子どもの教育に必要なのはこうしたゆとりではないでしょうか。幸せな人生を送るために、勉強は必ずしなければなりません。けれども、それが世の中を確実に乗り越えていくための学びであるなら、せわしない気持ちではまともに成就するのは困難です。

本書を手にされた保護者の方は、どうかわが子の教育への焦燥感をしばし捨て、一杯の温かいお茶と共にページをめくってください。広く考え、深く教えられることを願っています。

――――イギリス オックスフォードにて

**チョ・ジウン**

# 1章

## 学習感覚

学習感覚を目覚めさせる
には「待つ」ことが必要

イギリス人は毎日何度もお茶を飲みます。朝はブレックファストティー、11時にイレブンジスティー、午後にアフタヌーンティー、そして夕食にハイティー。イギリス人のお茶好きは、他国の追随を許しません。ティータイムは余裕を楽しむ時間です。急いでいてはおいしいお茶は飲めないことを、イギリス人は知っています。香り豊かで、かつ苦くないお茶を淹れるには沸騰直前までお湯を沸かし、ほどよく蒸らす忍耐心が必要です。

熱いお茶は、一気に飲み干せません。ゆっくり味わううちに、いつのまにかカフェインによって疲れがほぐれていきます。

子どもたちも同じ。ゆっくり待つことで、頼もしく成長してくれます。

ウサギとカメがかけっこをしました。ゆっくりでも休まず進むカメは、道の途中で寝てしまったウサギに勝ちます。

アリとキリギリスは冬を迎えました。暑い夏のあいだせっせと働いたアリには冬を乗り切るたくわえがありますが、遊んでばかりいたキリギリスには食べ物がありません。

休まなかったカメと、働き者のアリ。

多くのイソップ寓話のうち「ウサギとカメ」「アリとキリギリス」は韓国で特に人気があるようです。

カメとアリによって示される「勤勉」と「誠実」は、誰もが備えるべき美徳とされています。

子どもの教育にも同様のことが言われます。

「4当5落」（睡眠時間4時間なら合格、5時間だと不合格）や「勉強は尻でする」（長く座っている者が勝つ）といった言葉もよく耳にします。

1日17時間の勉強を達成した小学生も話題になりました。

一方、しばしの休息を取ろうと眠ったウサギや、夏のあいだじゅうギターを弾き歌って遊んでいたキリギリスの態度は、最も避けたい例として挙げられます。

しかし、はたして勤勉に誠実に、一生懸命、長時間机の前に座り、本を開いて勉強することが、子どもの未来のための答えなのでしょうか？

子どもたちにとって、世界は新しいものだらけであり、あらゆることが学ぶ対象です。

だからこそ子どもたちには机を離れ、自分をとりまく広い世界を観察し、探検する機会をあげなければなりません。

そんなことも知らないのか、と責められることを恐れて好奇心を抑えつけたりしないよう、何でも自信を持って表現させてあげてください。

子どもたちはいつも創造的な質問をし、わくわくしながら答えを探します。勉強の花を咲かせる種は、まさにこの気持ちの中にあります。

温室の鉢植えのまま大きくならないように、少し子どもをラフに育てましょう。

世の中に出ていくことを怖がらない、強い心を持てるようサポートするのです。

そのためには、間違いや失敗の経験を多く積むことも大切です。

子どもが失敗したりくじけたりして傷ついたときは、むしろ褒め、励ましてください。

その経験が、健康な人生への大きな助けとなるでしょう。

子どもたちには、これから長い人生が広がっていきます。

そして、勉強には終わりがないことを知るでしょう。人生という長いマラソンを始めたばかりの子どもに全速力で走ることを要求すると、大きな支障が出る恐れがあります。

一生しなければならない勉強から幸せを見つけられる学習感覚を育てることは、子どもと親がともに取り組む課題です。

学習感覚は塾では伸ばせません。

人生の中で、家族との密接なコミュニケーションから、世界に向けた探求心から、育てるものです。

# 苦みに
# 慣れたときから、
# お茶はおいしくなる

# ただ積み上げた100点が問題になる理由

## 質問できなければ、問いを立てられない

私がソウル大学学部1年生のとき、オリエンタリズム研究で有名なエドワード・サイード博士が大学を訪れました。

講演のあと、質疑応答の時間が設けられました。

けれども講堂をびっしり埋めた人々は誰一人手を挙げず、沈黙が続いています。大学院生や教授すら何も質問しません。博士はとても当惑した様子でした。

2010年にG20サミットがソウルで開かれ、アメリカのオバマ大統領が韓国を訪れたときも同じことが起こりました。演説を終えたオバマ氏は韓国の記者からの質問を待ちましたが、みな沈黙しています。本当に聞くことはないのかと何度も尋ねると、結局、中国の記者が手を挙げました。

記者たちはなぜ質問しなかったのでしょう。英語に自信がなかったから？　知りたいことが何もなかったのでしょうか？

韓国では、目上の人への質問は挑戦と受け止められます。

私もときどき韓国で講義を行うと、いつも質問がなく戸惑います。あるとき教授たちを対象にした講義のあと、何もフィードバックをくれない教授が一人いて、私の講義に不満があったのではと心配になりました。しかし後で招待者を介して聞いたところ、その人はまったくそんなことは思っていなかったそうです。

最初にイギリスに留学したとき、学生たちがたくさん質問することにとても驚きました。教授が話している途中に遮って質問する学生さえいます。

のちに助教になってから、**イギリスの学生は授業の内容がよくわからぬまま、それらしい質問をしていることに気づきました。**

「**ああ、わからないから質問するんだ！　知らなくても堂々としていられるんだ！**」

思わず膝を打ちました。

私たちは何かを知らないとき、知っている人の前でまるで罪人のように縮み上がります。

しかしイギリスの学生は、自分が無知であるという事実を何とも思いません。おかしな質問、見当はずれな質問を恥ずかしがったりもしないのです。

2005年に、アメリカのMIT（マサチューセッツ工科大学）で言語学者ノーム・チョムスキー名誉教授の講義に参加する機会がありました。

出された宿題は、毎回一つずつ質問を用意してくること。よい質問をした学生に、高い点が与えられました。

**質問する能力と習慣は、創造力を高めてくれます。**

**子どもの頭の中を、100点のための試験テクニックのかわりに、好奇心と質問でいっぱいにしてあげてください。**

質問する自分を誇らしく思えるような環境を整えてあげましょう。

そのためにはまず親が子どもの話に耳を傾け、じっくり聞く姿を示さなければなりません。

私は大学時代から今まで、「質問ノート」というものを書き続けています。紆余曲折あった留学時代ですが、頭に浮かぶ多くの疑問を、気にせず気楽に、自信を持って問い始めた瞬間から好転し始めました。

質問ノートには、小さなことから、重く形而上学的なものまで何でも記入します。重要なのは答えを求めることではなく、質問するという行為そのものです。これを忘れないでください。

本を読むときは、内容を厳密に把握するより、質問を引き出すことに集中します。だから精読もしません。

著者に同意できない部分、あるいは著者の意見からさらに広がった疑問が浮かんだら本を閉じます。内容は、インターネットで検索すれば全部出てくるからです。

子どもに本を読んであげるとき、絶えず子どもの感想を聞き、子どもが途中で話し出しても制止してはならないのもこのためです。

**大切なのは、本の内容を隅々まで理解するより、内容についてくわしく質問する能**

力を育てることです。


質問ノートは、質問スケッチブックや質問映像になることもあるでしょう。

今日、これから子どもに質問ノートを作ってあげてはいかがでしょう。


韓国の大学生はなぜ質問しないのか？

これについて、高麗大学の学生たちと話したことがあります。聞けば学生たちは、自分が講義の流れを乱すことをためらい、あるいは目立つことを恐れて質問できないとのこと。

つまりは、自分が人からどう見えるか気になって口を開けないのです。


ここで私は質問を投げかけます。

目立ってはだめですか？　ちょっと人と違っていたらいけませんか？

わざと目立つ子になる必要はありません。

しかし、ちょっと目立つ行動をしたり人と違う考えを抱いたりする子に対する、私たちの見方は変えなければなりません。

他と違うことは、間違いでもおかしなことでもないからです。

わが子だけの特別な考えや行動が、これからの人生をどこへ導くことになるのか見守り、応援することが親の役目です。


今や現実になりつつあるＡＩ時代には、質問する能力がさらに重要になります。

今後ＡＩは、学問の技術領域において大きな役割を果たすでしょう。答えを見つける速さにおいて、人間はＡＩにかないません。


しかしＡＩは今のところ、精巧な質問を作り出すことが苦手です。

これからはＡＩが正しい答えを導き出せるよう、的確な質問ができる人材が大きなチャンスをつかみます。


子どもが立ち止まって何かを観察していたら、観察したことについて子どもが想像し、質問するまで親は待たなければなりません。

想像力、質問力を育てるためには、十分な時間と余裕が必要です。

ドイツの哲学者ルートヴィヒ・ウィトゲンシュタインは、「まずは考えずに何かを見てみると、発見があり、得られるものが多い」と述べました。

このプロセスで、子どもは想像から始まる独創的なアイデアを思いつきます。リスの回し車のような暗記式教育、詰め込み教育では得難いものです。そういった教育は、今後ますます旧時代の遺物になっていくでしょう。

すでに世界の多くの子どもはメタバースを探求し、ＶＲで植物や昆虫を育てながら学んでいます。変化は思いのほか早く来ています。

迫りくる変化のために、目的なく考え、創造的な質問を作り出す時間を子どもに持たせてあげましょう。

# 子どもが型にはまらないようにする方法

## 子どもにタグを付けない

まだ生まれていない子どものために、子ども部屋を本で埋め尽くす親がいます。何万円もする幼児向けの教育全集も大人気です。ハングル文字やアルファベットの一覧表がべたべた貼られた壁も、子どものいる家ではおなじみの光景です。
ですが、これら多くの本や記号の間には、子どもが入り込む空間がないように見えます。

**歩き出す前に、話し始める前に、子どもは親があらかじめ作っておいた枠に閉じ込められてしまいます。**

子どもの教育にもステレオタイプがあります。
何歳になる前にどの科目を先んじて学び、インターナショナル幼稚園に通わせるべきかという、育児ロードマップも確認できます。

すでに検証されて正解と思われている育児情報が、本当に有効な場合もあります。けれども、**すべての情報が子どものためになるだろう、という考えは安易で危険**です。
多くの人が行く道は、単にわが子を他の子と同じにするだけの道になりうるからです。

子どもがピアノを習うと、チェルニーの何番まで終わったのかが基準にされます。イギリスの子どもたちはバイエルやチェルニーの進度の代わりに、好きな曲や作曲家、音楽家のことをよく話します。
私たちは**子どもが学んだ結果よりも、学ぶ過程で得る楽しさにもっと注意を向ける必要があります**。

最近の韓国は、挨拶代わりにＭＢＴＩ（性格タイプ診断）について尋ねたりするほど、性格タイプへの関心が高まっています。たしかに、誰かを簡単かつ迅速に把握するのによい手段ではあるでしょう。

しかし実際には、一つのアプローチで性格を概念化することは心理学的に困難です。ＭＢＴＩは、あまりに安直に性格を色分けする恐れがあります。


性格は固定されているものではありません。

状況に応じ、文脈に応じ、経験に応じて変化し続けます。

固定値ではなく、変化し続けるスペクトラムに近いものです。さらに時が経つにつれて完全に変わったりする、流動的な概念です。

ＭＢＴＩはごくシンプルで手軽な手続きによって性格を規定します。人々は自分自身や相手にレッテルを貼り、行動を予測し、判断しようとします。


プログラマーであり起業家であるポール・グラハムは、「自分自身に付けるレッテルの数が多ければ多いほど人は愚かになる」と表現しました。

親は子に接するとき、その子そのものを見るよう心掛けなければなりません。

「女だから」、「男だから」、「恥ずかしがり屋で」、「集中力がなくて」などの修飾を、なるべく避ける練習が必要です。

特に他人の前で子どもを紹介するとき、子どもが自分に貼られたレッテルを聞いて、自分を枠に閉じ込めてしまわないよう注意してください。

ＩＱに一体どんな意味があるのかと、私はつねづね思っています。

学校で行うＩＱ測定で値が低いと生徒は意気消沈し、逆に高いと得意になります。ＩＱは運やコンディション、また、年齢によって違ってくるものです。

そんな数字一つに、子どもの可能性や潜在力が閉じ込められてしまうと思うと、ひやひやします。

私の知人は、中学生のわが子のＩＱが全校でトップだったという連絡を担任から受けたとき、それを子ども本人に伝えませんでした。

「人生に対する態度が変わりそうだったから」だそうです。

その後、高校に入って受けたＩＱ検査では、平均的な数値だったとのこと。

「中学生のとき、あの子が自分のＩＱに虚像のようなプライドを持たなくて、ほんとうによかった」と話していました。

イギリスでは、こうした類の検査は行いません。

**私はＩＱテストが、子どもたちの能力をあらかじめランク付けしようとしているように見えます。**

**韓国ではＩＱが高い子を「英才」と呼びます。**

多くの親が、わが子を英才に育てたいと思っているようです。

一方、イギリスでは英才や英才教育にあまり関心が寄せられません。

子どもたちに「英才」、「天才」などのレッテルを貼ると、大きな負担を負わせることになるからです。

「英才」や「天才」と言われた子は、そのレッテルにふさわしくないという理由で、自分の個性的で独創的な想像や行動を抑えこむ恐れがあります。

本当の英才や天才を、型にはまった凡人にしてしまいます。

韓国では「十尋《とひろ》の水の底はわかっても、一尋《ひとひろ》の人の心はわからない」と言われます。自分の心もよくわからないのが人間です。ましてや他人の心となれば、なおさら把握し難いものです。

子どもに対しても同じことです。

小児精神科医のチョン・グナ延世大学教授は、病院を訪れる子どもが以前に比べて大幅に増えたと述べています。自分の子が他の子たちと少しでも違うと、何か問題があるのでは、と考える親が近年ますます多くなっているのです。

子どもの行動を見て、親がすでに病名を診断してくるケースも多いといいます。すでに色眼鏡をかけてきた親は、わが子に対する他の見方に納得できません。子どものあらゆる言葉や行動を、すでに想定したフレームに合わせて解釈してしまうからです。

あるがままの、今の子どもの考えや感情を受け入れようとしてみましょう。

**親だから子どものことはわかるだろう、という考えは禁物**です。

子どもが内面の声を自ら発することができるよう、すべての枠や固定観念を破って、子どもにもっと近づきましょう。

## 一人で起き上がるまで待って

### 過程で「気を付けて」と言わない

イギリスに来て初めて住んだ家の近くに、橋がありました。歩きか自転車でしか渡れない、アーチ状の狭く長い橋です。

ある日、その橋を歩いていると、3歳くらいの子がペダルのない幼児用自転車に乗り、うんうん言いながら傾斜を登ってきました。

ヘルメットはかぶっていましたが、下り坂になったら危なそうに見えます。

思わず「あのまま下っていったら転ぶんじゃないかしら」、と独り言を言っていました。

周りを見回すと、その子から数歩も離れていないところに保護者がいました。不安そうな私と違い、ただ子どもを見守りながらゆっくり歩いています。ついに子どもは橋の一番高いところにたどり着き、すぐに下り坂をゆるゆる下り始めました。順調に下っていましたが、とうとう橋のたもとで転んでしまいました。かなりスピードもついた状態でした。

けれども、保護者は走り出すこともなく、転んだ子に向かって歩いていきます。そして、子どもが自分で起きるのを待ち、自転車を起こしてあげました。子どももまったく泣いたりせず、ふたたび自転車に乗って何事もなかったように前に進みました。

これは、短いけれど強烈に記憶に残る光景でした。

その後も町にある大小の公園で、しばしば自転車に乗る子どもを見かけました。子どもたちは転んでは起き、また転んで起きます。自転車の乗り方を全身で感じながら学ぶのです。

その横で親は、「気を付けなさい」「ケガするよ」「転ぶよ」などと声をかけません。

子どもたちが転んでも、おおらかに遠くから見守っています。
ハラハラしながら見ていた私も、今は全身でぶつかりながら自転車の練習をする子どもたちにただ感心しています。

よく考えてみれば、それほど速度も出ない子ども用自転車に乗っていて転んでも、大したことはありません。

逆に一度も転ばず、最初からうまく乗れるのも問題です。

幼い頃にたくさん転んだ経験が、のちにより大きく速い自転車に乗るときに生じうる危険を防いでくれるからです。

過度に心配そうな表情や話し方は、実際に怪我する以上のことが起きたのではないか、と子どもを怯えさせます。

子どもは転ぶことを恐れ、再び自転車に乗る勇気を出すことが難しくなります。

これは、子どもが人生で初めて迎えるすべての瞬間に当てはまります。何を学ぶにせよ、最初は勘違いし、間違え、失敗します。

子どもが労せず学ぶことを望み、最初から戦々恐々とするのはやめましょう。失敗して当然だと、自然に教えなければなりません。

私たちはお茶が半分入ったカップを見て、半分もあると思うことも、半分しかないと思うこともできます。

失敗に対する親の見方は、子に引き継がれます。

これから直面する困難を人より簡単に打破し、再起する態度を持つかどうかは親次第です。

もちろんたやすいことではありませんが、**子どもが転んだとき一人で起きるまで待つ忍耐力をつけましょう。**

アメリカの思想家ラルフ・ワルド・エマーソンは、

「私たちの最大の栄光は失敗しないことにあるのではなく、失敗するたびに立ち上がることにある（Our greatest glory is not in never failing, but in rising up every time we fail)」

と言いました。

人生を生きる上で、ほとんどのことは思い通りにいきません。

そのためか、多くの親は自分の子どもが失敗をできるだけ回避し、転んで怪我をしないように、安全で平穏な人生を送れるように、と絶えず力を尽くしているようです。


しかし、人生において価値あるものは、度重なる失敗を乗り越えて立ち上がった者に与えられます。

これから直面する試練の前で子どもがたやすく崩れないよう、幼い頃からたくさん失敗し、転ぶ練習をさせなければなりません。


失敗した人の95％は本当に失敗したのではなく、ただ途中であきらめたのだそうです。

トーマス・エジソンは電球を発明するまで１４７回、ライト兄弟は飛行に成功するまで８０５回失敗しました。言い換えれば１４７回、８０５回立ち上がったのです。

失敗は次の試みのための学びにつながります。トレーニングによって体に筋肉をつけるように、心にも失敗のための筋肉が必要です。

だからといって子どもに、

「こんな簡単なこと、どうしてできないの」

「さっさともう一度やりなさい」

と嫌味を言ったり、せかしたりしなさいということではありません。

**失敗したり転んだりした子どもは、実は誰よりもがっかりしています。**

**親はまず共感してあげましょう。**

それだけでも、子どもは傷ついた感情を落ち着かせ、軽い気持ちで失敗を受け入れることができます。

立ち直ろうと頑張る子どもの態度を支持し、応援してあげてください。

もちろん、親もこのプロセスによって、忍耐という筋肉をつけなければならないのです。

# 子どもを熱くさせるための薪《まき》を用意する

# 人口減の時代に子どもにしてあげたいこと

## 教科を離れて才能を発揮する機会を作る

イギリスの教育者リチャード・マルカスターは、教育について次のように述べています。

「自然は子どもが生まれつきの性向へと育つように導くが、教育は子どもが持って生まれた能力を花咲かせるよう助ける（Nature makes the boy toward; nurture sees him forward）」

子どもは一人ひとりみな違います。

ふだんこの事実をあまり感じなくても、子どもたちでいっぱいの教室に入ると一気に感じることになります。

何よりも子どもには、それぞれ生まれつきの「才能」があります。

文字や単語で遊ぶのが好きな子、歌うのが好きな子、片付けが上手な子、絵を描くのが好きな子、数字が好きな子、友達を笑わせるのが好きな子など、実にさまざまです。

**親が子どもと一緒にすることは、子どもの興味や適性を探り、その子が生まれ持った才能を発揮して生きられるようサポートすることです。**

この行動の反対側に位置する概念が、韓国の教育で特に重要視される「平均」と「順位」です。

学校ではすべての教科の平均点数を出し、その点数をもとに全校1位から最下位まで順位をつけます。

平均点を基準とするシステムにおいて勉強ができるということは、できない科目がないことを意味します。

したがって、**生徒は得意な科目があっても、得意なことに集中するより苦手な科目の点数を上げることに尽力します。**

興味のない科目を必死で勉強するのは、苦役以外の何物でもありません。

しかも、相対評価で順位が付けられるシステムの中で、ライバルであるクラスメイトと仲よくしろという言葉は、残酷ですらあります。

イギリスの学校には、こうした平均と順位の概念はありません。小学校だけでなく、中学でも高校でも同じです。

生徒は、学びたい科目を自分で選択して授業を受けます。それぞれ、好みや得意分野が異なるために取られたシステムです。

苦手な科目や好きではない科目を無理に履修し、高得点を取るために苦労する必要はありません。望めば、さらに高い教育も受けられます。

それぞれが異なる科目を履修するシステムでは、テストの平均点を出して順位をつけることは不可能であり意味がありません。

また、クラスメイトもライバルにはなりません。

章の冒頭で、ウサギとカメ、アリとキリギリスについてお話ししました。

よく考えてみると、ウサギとカメがかけっこで勝敗を決める状況も、アリとキリギリスが別々に生き残る方法を探る状況も、あまり望ましくないように見えます。それぞれ備わっているものが異なり、得意なことも違うからです。

これからの未来、子どもたちはますます多様な人々と共に調和して、生きていかなければなりません。

学校で学ぶ科目の他に、子どもが自分だけの才能を発揮する機会をたくさん作ってあげましょう。

わが家の小学生の次女ジェシーは漫画を読むのも、自分で描くのも好きです。彼女は仲のよい友達2人と校内に漫画サークルを作り、週1回の活動を数年間続けています。先日は1年生が見学に来たので、作品を見せたり、具体的な活動の内容を説明したりしたそうです。

これらはみな、漫画好きなジェシーと友達が自発的にしていることであり、親の私はただ、子どもが話すそこでの経験に耳を傾けるだけです。

実際、世の中を生きていく上で、まんべんなくできることは重要ではありません。

重要なのは、上手で好きな一つのことです。


平均と順位という概念は、ベビーブーム時代には有効だったかもしれません。

当時は突出した才能を伸ばすより、すべてを平均的にこなす人を大量に輩出するために無限競争というカードが使われました。

そして、その競争で勝った子どもが、成功するとされていたのです。


しかし、今のように人口減少が始まった世の中で、熾烈に競争させ、全員を疲弊させて、はたして誰が幸せになり、誰の人生がよりよくなるでしょうか？

親は今、子どもが自分に合ったコップを見つけて、満たすことを助けるべきです。

# シンプルな方法で日常から学ばせる

## 時間割を作らず、習慣とルーティンで安心感を

通常、10歳以前は世の中を観察する期間であり、同時に習慣を形成する時期でもあります。

親がどんな生活習慣、あるいはルーティンを作ってやるかは本当に重要です。

これは子どもをコントロールしようということではありません。

**1日に適切なルーティンがあると、子どもたちは心が安定し、ストレスによる不安に悩まされなくなります。**

大人でも、いつ終わるかわからない発表や授業を聴いたり、長く退屈な映画を観たりするときはもどかしく感じるでしょう。

一方、プレゼン資料に書かれたページ数や、学校の時間割が提供する予測可能性は、心を落ち着かせます。子どもたちにも、このような装置が必要です。

4、5歳児を対象に、イギリスで韓国語を教えている先生の経験です。いつ家に帰れるかわからず子どもたちが退屈しているとき、その日の授業のスケジュールを一緒に確かめると、子どもたちはとたんに積極的になるそうです。子どもはスケジュールや課題を確かめて、一つずつやりとげていくことに面白味を感じるようです。

**興味のあることを、あらかじめ考えさせることもできます。今日はどんな新しいことを学ぼうか？　どんなお話の本を読もうか？　何を作ってみようか？**

子どもたちはこのようなプロセスによって、心の準備ができた状態で教室に入ってきます。

この事例は、習慣やルーティンというより、もっと細かい時間の計画に関するものです。

家庭では、1週間単位で緩くシンプルな子どものルーティンを考えるとよいでしょう。

子どもはルーティンという風船に、好奇心と期待感を吹き込みます。分単位でぎりぎりの時間割を作り、厳密に時間を守るやり方はお勧めしません。適切なのは子どもの生活リズムに合った、大きな単位のルーティンです。

習慣やルーティンを作ることは、それほど難しくありません。

たとえば、わが家には土曜の朝、夫がおいしいパンケーキを作るというルーティンがあります。私たち夫婦は週末もたいていとても忙しいのですが、土曜の朝は雨が降っても雪が降ってもパンケーキを作ります。娘たち2人がごく幼い頃から守ってきた、家族のルーティンであり伝統です。

パンケーキを食べた後は、一緒に読書をします。読書で学んだことを、子どもたちが絵と文で表現し、最後にみんなで共有します（図）。

金曜日の夜は、みんなで映画を観ます。娘たちが「ムービーナイト」と呼ぶ時間です。もちろん映画は、4人で相談して選びます。映画を観ながら食べるポップコーンを用意するのは、私の役目です。

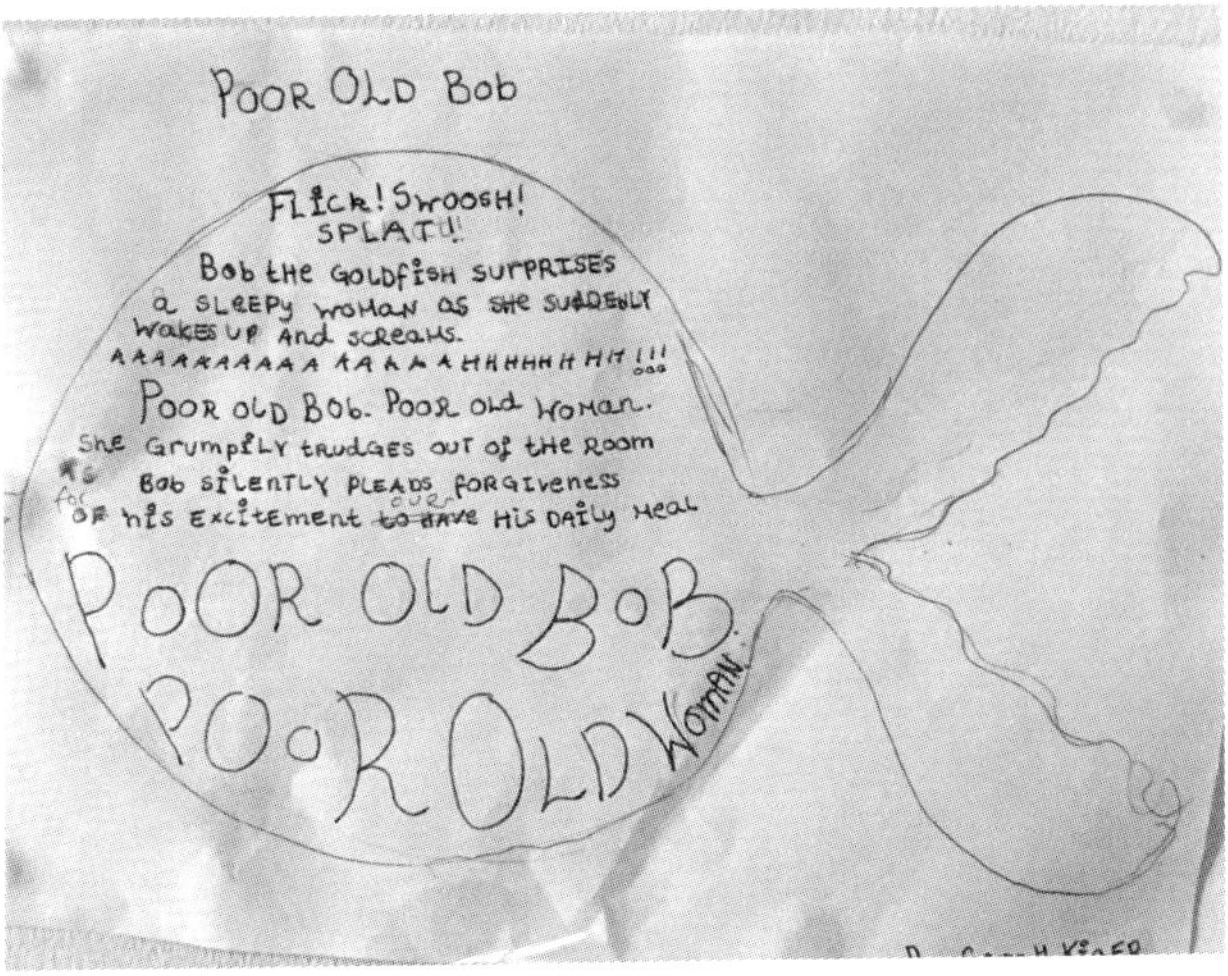
POOR OLD Bob
FLick! SWOOSH!
SPLAT!!
Bob the GOLDfish surprises
a sleepy woman as she suddenly
wakes up and screams.
AAAAAAAAAAAAAAAHHHHHHHHH!!!
Poor old Bob. Poor old woman.
She grumpily trudges out of the room
Bob silently pleads forgiveness
of his excitement to have his daily meal
POOR OLD BOB.
POOR OLD WOMAN.

長女サラが、絵と文で記録した本の感想。表現方法はどんな形でもかまいません。

また、毎朝、娘たちが学校に行く前に家族全員が集まり、その日の予定を共有します。

4人全員が順番に発表するのです。わずか10分程度ですが、わが家にとってこの10分は、1年365日繰り返される日常のルーティンです。

この10分によって、子どもも私たちの1日を知り、私たちも子どもの1日を知ることになります。

親がよいと考える習慣を、子どもに教えることも大切です。

私たち夫婦は子どもたちに、**記録する習慣**をつけさせたいと思いました。

そこで2人が幼い頃から、**本を読ん**

だり博物館に行ったりしたら、絵で記録することを勧めました。
字を覚えてからは、メモを取っています。

このとき、綴りが正しいかどうかはまったく問題にしません。メモする習慣自体が重要だからです。

アイザック・ニュートンは、不幸な幼少時代を送りました。7カ月で生まれた未熟児であるうえ、誕生前に父親は亡くなり、赤ん坊の頃に母親にも見捨てられて、祖母の手で育てられました。

家庭も豊かではなく、12歳のとき叔父の助力により公立学校で学び始めるまで、基礎的な教育もきちんと受けられませんでした。

彼は、読書によって知ったことをノートにまとめ、それらを実証することで完全に自分の知識にしました。

メモ魔だったニュートンの天才性は、この独特な方法で形成されました。万有引力や運動法則などの偉大な発見は、メモという小さな習慣から始まったのです。

記憶力の研究によると、学習力や記憶力は、海馬の大きさと関連があるそうです。記憶力の訓練をするとシナプスが形成され、神経細胞と血管が新たに産生されて、脳の連結が拡大されます。

記憶力の訓練は、海馬の記憶筋肉を育てるトレーニングとも言えます。

**記憶力を向上させる方法の一つが、メモ**です。

大切な点は、ルーティンや習慣を作るために、決して無理しないことです。時間割に細かく計画を書き込み、厳格に実行する必要はありません。時間を活用しなければならないというプレッシャーは忘れ、子どもも親も「一緒に」楽しめることを考えてみましょう。

次の金曜日に観る映画をあれこれ考える時間、みんなで映画を観ながら嗅ぐポップコーンの匂い、土曜の朝に食べるパンケーキの味、本のページをめくる感触、家族と会話を交わす風景。

こういったことが、これから力強く生きていく基盤となる安定感を、子どもの心にもたらしてくれます。

# 子どもの心に火をつける方法

## 好奇心の火種が消えないようにする

「子どもの心は大人が何かを詰め込む容器ではない。その代わり、大人は動機づけによって子どもの心の中の能力と情熱に火をつけなければならない（A child's mind is not a vessel to be filled but a fire to be kindled)」。

イギリスの名門校ヒルハウススクールの設立者スチュアート・タウンエンドが、ギリシャ哲学者プルタルコスの名言をもとに述べた言葉です。

「school」という単語はもともと、「自由で自己決定的な活動方式」を意味するギリシャ語の「schole」に由来しているそうです。

「自己決定理論」では、肯定的な教育環境が、子どもの自然な好奇心と学習動機を刺激し、学習に対する外部からの働きかけの必要性を減らしてくれるといいます。

しかし、**親の過度な関心や応援によって、子どもの学習動機が大きく低下すること**

もあるのです。

親は子どもが自発的に勉強する、自主的な学習法を知りたがります。

しかし、子どもの自主性は、親の強制や抑圧では育ちません。

親の役割は、学習の動機となる知的好奇心を子どもが失わないよう、その火種が消えないように助けることです。

親が提供するのは、子どもが自ら情熱を燃やすための最小限の薪だけです。

ノーベル賞受賞者の中には、自発的に、そしてゆっくりと学問の道に入った人々が多くいます。

アルベルト・アインシュタインは他の人より言語習得が遅かったと言われていますが、学校でも成績が悪く、通っていたミュンヘンの学校の校長は１８９５年、彼の通知票に「He will never amount to anything.（彼はあまりにできが悪く、何も成し遂げられない）」と書き送ったそうです。

幼いアインシュタインは、この手紙を読むことができませんでした。

母は涙を流しながら、彼に手紙をこう変えて読んであげました。

「この子はとても頭がよいので、学校でこれ以上教えることはできない」。

そして、自ら息子を教えるために書店に向かったそうです。

アインシュタインは母親が亡くなったあと、初めて校長からの手紙を読むことになりました。

**彼をどこまでも信じてあげたのが母親なら、その好奇心に火をつけたのは父親**です。

父は、5歳になったアインシュタインに羅針盤を贈りました。

のちにアインシュタインは、自分の科学的な知的好奇心を刺激するのに、この羅針盤がどれほど大きな役割を果たしたかをしばしば回顧しています。


小学生のときに父親と映画館で『ハリー・ポッター』を観た帰り、偶然書店で買った『ハリー・ポッター』の原書がきっかけで、英語の勉強に邁進した生徒の話を聞いたことがあります。

翻訳本が出る前に新刊を読むという一念で、既刊の原書と翻訳本を比べながら、一人で勉強し続けたそうです。

とうとう最終巻になると、翻訳本がなくても原書を自力で読めるようになっていました。

『ハリー・ポッター』の原書を読み進むうち、この生徒は次第にイギリス留学の夢をふくらませ、とうとう大学卒業後に夢を叶えました。

**親と観た1本の映画、立ち寄った書店で買った1冊の本が、一人の子どもの英語学習を刺激したうえ、未来に向けての勉強の火種を灯した**のです。

何をあげたら、わが子の知的好奇心と興味を刺激できるだろう。

一度、考えてみてはいかがでしょう。

たとえば、わが家の長女サラは、何かを作るのが大好きです。そこで私たちは数年前、思い切って誕生日プレゼントにミシンを買ってあげました。

14歳になった彼女は今、そのミシンで自分がデザインした韓国の伝統衣装を作っています。去年のクリスマスには、私に帽子を作ってプレゼントしてくれました。

ミシンという道具を一つ手にしただけなのに、彼女はその道具を存分に活用し、思いきり創作意欲を発揮しています。

この過程で親がすることは、子どもの性質をよく観察し、それを題材に子どもとたくさんやりとりすることです。

そして、子どもの好きなことは何か、絶えず悩み続けることです。

今、子どもの好奇心を最も刺激できることは何でしょうか？

よく観察して、誕生日、子どもの日、クリスマスなど特別な日に、プレゼントを贈ってみましょう。

子どもは自分の興味にぴったり合ったそのプレゼントを、とても大切にするでしょう。

成長して振り返ったとき、大げさではなくまさにその贈り物が、子どもの心に大きな炎をおこしているかもしれません。

# 10歳までは机に向かわせない！

# これなしでは書くことも話すこともできない

## ――机に向かわない時間が探求心を育む

韓国の親たちは、子どもが机の前にまっすぐ座って本を開き、その中に書かれた内容をそのまま覚えることを願っています。

そして、学んだ内容を子どもがきちんと覚えているか、何度も確かめようとします。

イギリスの学校は、九九を覚えるときでさえ、暗記ではなく自律的で悠長な方法（訳注：韓国も日本と同様「掛ける」などを省略してリズムよく暗記するが、イギリスなどでは文章として覚えていく）で勉強させます。

暗記技術、試験技術に依存する勉強には、限界があります。

**人を勉強に向かわせる原動力は、探求力**だからです。

年齢が低いほど、問題を解く技術よりも探求力を育てなければなりません。

そして、探求力を育てる第一歩は「観察」です。

親にとって、机を離れている子どもは「勉強していない子ども」です。机に向かう勉強以外のすべての行為を、「他のこと」と片付けたりもします。しかし子どもの探求力は、この「他のこと」からすくすくと育つのです。

特に、自然に触れるときはなおさらです。

子どもは自然や周囲の事物を観察しながら、新しいことを発見する練習をします。五感をフル活用して自然に触れ、匂いを嗅ぎ、そこで驚異を感じたら、勉強からも同じ感覚を得ようと自ら追求していくでしょう。

自発的に、きちんと、十分に、何かを観察した経験を持たない子どもは、自分なりの考えや感想を引き出すのに難しさを覚えます。

そのため、すでに世に出た他人の考えを、誰かが押し付けるまま受け入れることになります。

何かを暗記し続けることで、自分の考えがないことを隠蔽しなければなりません。

このような場合、批判的な思考力を育てることも難しくなります。

私の夫はオックスフォードで教授として美術を教えています。彼によると、美術館でよく見かける韓国人には、共通した特徴があるそうです。それは、絵をゆっくり鑑賞する前に、横にある小さなキャプションをじっくり読むことです。

作品に対する自分なりの考えを整理する前に、既存の考えや論理に沿って鑑賞しようとしているのでしょう。

世の中を観察して受け入れる受容体が私たちにあるなら、その受容体は幼少期に最も敏感に反応するはずです。

私たちは、**子どもの持つ受容体が敏感さを保てるよう、受容体が机の上で固まってしまわないよう、目を配らなければなりません。**

イギリスの博物館や美術館に行くと、子どもたちが気に入った作品の前で、腹ばいになったり座りこんでいたりする風景がよく見られます。

それぞれスケッチブックやノートを持ってきて、絵を描いています。

さっと確認して通り過ぎるのではなく、何十分も絵の前で過ごすのです。


本を読むときも、十分な観察が必要です。

親が子に絵本を読んであげるとき、親の視線と子どもの視線がそれぞれどこに向けられるかを追った実験があります。

大人たちの視線は、本に書かれた文字に固定されていました。本に書かれた文字を読むことに集中しているためです。

一方、子どもの視線は、ページの中を忙しく動きまわります。

大人は子どもに本をきちんと「見る時間」を与えず、大人の速度で本を読んでしまいます。

そんな経験が繰り返されたら、子どもはきっと読書が面白くなくなってしまうでしょう。


**子どもに絵本を読み聞かせるときは、一緒に本の隅々まで見てみてください。**

**何が描かれているのか、誰がどんな表情をしているのか、ページの隅に何か隠れていないか？**

薄い絵本の中にも、観察できるものが無数にあります。

子どもがすでに持っている観察力を、思いきり発揮させてあげましょう。

私たちは観察するとき、感覚に頼ります。

子どもにとっては触ったりにおいをかいだり、握ったりする行動が観察の方法となります。

浅い観察からは、新たな発明や発見は出てきません。子どもはさまざまな事物に親しみ、楽しい時間を過ごした結果、何かを好きになります。

**観察には時間がかかりますが、親の役割は待ってあげること**です。

隣家に住む6歳のグレースは、わが家に遊びに来るときも算数の問題を持ってきます。大人に褒められたい気持ちもあるかもしれませんが、本当に算数が好きなようです。

グレースのお母さんによると、彼女はもっと小さい頃から数字で遊ぶのが好きだったそうです。

また、娘の他の友達には恐竜博士もいます。

持っていない恐竜のおもちゃはなく、知らない恐竜もありません。博物館に連れて行くと、その子は恐竜だけを見に行きます。

恐竜が好きだからといって、誰もが恐竜博士になるわけではありません。また、算数が好きだからといって、必ず数学者になったりもしません。

しかし子どもたちは、それらによって情熱を学びます。

一度このような経験をした子どもは、より成熟した関心事を持ったとき、また健全に没頭することができます。

子どもが好きなことに情熱を持つきっかけを作ってあげましょう。

思う存分何かを観察し、楽しめる余裕を準備してあげてください。

## 運動しない子は脳が止まる

### 遊びはニューロンのつながりを刺激する

教育学としての認知発達理論の偉大な学者、ジャン・ピアジェとレフ・ヴィゴツキーは、**子どもの学習過程における、遊びの重要性**について力説しています。

ピアジェは知識が学習の結果ではなく、学習の「過程」で生成されるという点を強調しました。

ピアジェの理論では、子どもの認知発達は4段階に分類されています。

第一段階　感覚運動期……周辺環境と自分の体を探索しながら学習する
第二段階　前操作期……視覚的イメージと記号を使って考えを構成し、表現する
第三段階　具体的操作期……抽象的な概念と思考を形成する
第四段階　形式的操作期……抽象的な推論で問題を解決できるようになる

ピアジェの理論は、これらの段階を通じ、与えられた環境と経験をもとに子どもが

自ら学習し発達する過程を重視しています。

ヴィゴツキーは、社会的相互作用が認知能力の発達に関係すると考えました。世の中について子どもが習得することの大部分は、他の人々との関わりから出た結果だと主張しています。

**大人や同年代の子の言動が、子どもにとっての足場（scaffolding）、つまり成長の踏み台になる**のです。

この主張に基づき、ヴィゴツキーは、「私たちは他人を通じて私たち自身になる（Through others we become ourselves）」という言葉を残しました。

ピアジェとヴィゴツキーの二つの理論の共通点は、いずれも周辺環境との相互作用に注目していることです。

ピアジェは物理的環境との相互作用を、ヴィゴツキーは子どもと大人の社会的関係を強調しました。いずれも可能にする活動こそ、まさに遊びです。

子どもの脳の発達に、遊びはとても重要な役割を果たします。

子どもたちは遊びを通じて身体的、認知的、社会的、感情的スキルを学び、発展させていきます。

また、問題解決能力や創造的思考を発達させ、コミュニケーションの方法を学びます。


具体的には、遊びは脳のニューロンの連結を刺激します。これは学習と発達において非常に重要です。

また、脳の遂行機能（executive function）が促進されますが、この機能に該当するのが計画力、構造化、意思決定能力です。


遊びのプロセスで接する新しい言語表現や概念、豊かな文脈は、子どもの言語発達を促します。

さらに、遊びの中で他の人々と関わり合う経験は、共感力や自己節制、協力する気持ちなど、感情面で、また、社会的にも必要な能力を育ててくれます。

イギリス在住の韓国人家庭の子どものために、毎週ハングル学校の授業が行われています。あるのは机と椅子くらいで、ちゃんとした教室で行われる授業とは言えません。

それでも4、5歳の子どもたちは、その空間で独自の遊びを作りだします。水色の壁面を利用してプール遊びをしたり、雪の降る日に雪の本を読むと突然、「エア雪合戦」を始めたりもします。

椅子を一列に並べ、役割分担を決めると電車ごっこが始まります。お化けごっこも欠かせません。

ここでの教師の役割は、ただ一緒に楽しく遊ぶことです。子どもたちは創造的で、次から次へと新しい遊びを作っていきます。

このときは、言語能力の限界も問題になりません。みな韓国語と英語を使い分けて遊びます。

**授業中は韓国語をあまり使わない子、英語をあまり使わない子も、このときは自然**

に交わりながらコミュニケーションします。遊ぶことは最高に面白いからです。

特に先生が決めなくても、子どもたちは規則を作って役割を引き受け、それに合う言語を使います。

論理的な思考が必要な場合も多く、その中で算数や理科の概念が使われることもあります。学びは自然に進んでいきます。

子どもたちにとって有意義なのは、無条件に楽しい学習です。楽しさは勉強を持続可能にする最大の要素であり、最も簡単な動機づけ方法と言えます。

これは大人でも同じでしょう。面白いことをしているとき、私たちは誰に頼まれなくても続けたくなります。

ここで重要な点は、面白いことは長い間記憶に残るということです。なぜなら、感情と思考はつながっているからです。

脳内で記憶に関係する部分は海馬と扁桃体で、海馬は理性的な判断を、扁桃体は感情的な判断を担当します。そしてこの二つの部分は、隣りあった場所に位置します。海馬は、扁桃体が感情的に好きだと判断した情報を、必要な情報だと受け止めるため、私たちは好きなことをよりよく覚え、興味のあることはよりよくできるようになるのです。

遊びが重要なもう一つの理由は、**感覚を最大化すること、つまり体を動かすことが子どもにとって非常に大切**だからです。

健康な心は、健康な体に宿ります。活発な身体活動と健康的な食事、適切な睡眠と自然との交流は、子どもたちの認知力と学習力、幸福感を高めてくれます。

世界的な水準を誇る北欧の初等・中等教育では、野外で自然と親しむ活動が必須科目です。これにより、自然環境に対する前向きな姿勢も育まれます。

野外で体を動かして遊ぶことは、社会的な絆を形成し、チームワークや人格発達にも役立ちます。

子どもに、スポーツという趣味を持たせてあげてください。

健康な精神を宿すことができる、健康な子どもに育ててあげましょう。

イギリスの子どもたちは、幼い頃からサッカー、テニス、ホッケー、水泳などさまざまな運動を楽しんでいます。

わが家の娘たちは、休みのあいだ毎日友達とテニスをして、テニス場の前で一緒にサンドイッチを食べて帰ってきます。


大学生や大学院生になっても、スポーツを生活の一部にする学生はたくさんいます。

忙しい試験期間も重要な論文の作成中も、毎朝数時間トレーニングをしたり、夕方にジョギングをしたり、週末にバスケットボールの試合をしたりします。

**幼い頃から培ってきたこのエネルギーは、勉強にも大いに役立っています。**

10歳以前の子どもたちにとって、体を動かして行う勉強はとても重要です。

**机に向かうのは、10歳になってからでも十分です。**

## 何でも表現してみなければ何も表現できない

### 親以外の大人と自由に会話する

毎年3月の第1木曜日は、世界の本好きが集合して本への愛を共有する「世界本の日（World Book Day）」です。

イギリスの学校でも多くのイベントが開かれ、教師が積極的に参加します。娘が通う学校でも、猫のコスチュームを着た校長先生が、校門前で踊りながら生徒たちを出迎えました。

生徒たちが本に親しみ、楽しむことを奨励するためのイベントの一つです。生徒たちは先生の呼びかけに応じ、自分が読んだ本の話を自由に伝えます。リラックスし、楽しい気持ちになったとき、子どもは表現します。

**表現力を育てるためには、先生と保護者が子どもと同じ目線で楽しさを分かち合う文化が必要**なのです。

イギリスの子どもたちは、学校の教師を含め、大人と話す練習を早くから始めます。子どもが大人と同じ視線に立つのは難しいですから、まずは大人の方から何とか子どもの視線に合わせることになります。

一方韓国には、子どもは教師や親の言葉を一方的に受け入れるべきである、という文化が形成されています。これは、子どもの表現欲求を抑えつける、大変困った文化です。

私も初めてイギリスに留学したとき、この慣習のせいで、教授や他の学生たちと対話するのに苦労しました。

**今や、子どもを抑えつけて大人を敬わせるのではなく、自由に対話しながら相手を尊敬する態度を教えるときが来ています。**

先ほど述べたように、韓国人学生は質問しないので、外国では誤解を受けることがしばしばあります。

イギリスの大学の教室では、学生たちは授業の途中でも、自由に手を挙げて質問します。

韓国だったら基本的すぎて遠慮してしまうようなことでも、周囲を気にせず思うまま尋ねるのです。

そして、そんな質問に対し教授の回答、さらには他の学生たちからの新たな観点が加わり、異なる次元の議論に発展したりします。

質問した学生が、疑問をそのまま飲み込んでしまっていたら、起こらない現象です。

一つの考えは、他の人を経由しながら整理し直されます。その過程で発展し、新たに展開します。

誰かにインスピレーションを与えることも、自ら受けることもあります。当初は学ぶつもりのなかったことまで学ぶことができ、自身の思考も成長します。

これは学業の成就レベル、達成感にも大きく影響するでしょう。

論理的な考えだけでなく、感情を表現できることも子どもにとって重要です。

そもそも不安定な気持ちでは、健康な学習効果を期待することはできません。

ポジティブな感情であれネガティブな感情であれ、自分の気持ちをよく観察して表現し、最終的にはコントロールする練習をさせましょう。

**言葉で表現できない年齢の子には、表情カードを使うこともできます。**

伝えきれない繊細な感情はひとくくりにされ、怒りや苛立ちといった感情の爆発として現れることがあります。

その場で表現できず、しまい込まれた感情が否定的な行動につながったりもします。

悲しみのような感情に対し、親はときに、隠すことなく適切なレベルで共有しながら対処する方法を、子どもに教えなければなりません。

わが家の子どもたちが幼いとき、夫の父が他界しました。

私たちはおじいさんが病気であることを2人に説明し、亡くなる前日に最後の挨拶をさせました。

ネガティブな感情に対する親の成熟した態度を見て、子どもたちは感情をコントロールすることを学んでいくのです。

## 今すぐ子どもと一緒に 学習感覚UP!

### ○子どもに思う存分、質問させてあげよう

学習は質問から始まります。質問は子どもをより考えさせ、成長させます。自然に生まれる好奇心を、自分で抑え込まないようにしてあげましょう。

### ○子どもがどのように遊ぶか観察しよう

なぜその遊びが楽しいのか、遊んでいてどんな気持ちなのか、今日さっそく子どもに尋ね、子どもたちが世の中をどう見ているか聞いてみましょう。

### ○自分からやってみて、たくさん失敗する時間をあげよう

子どもの自主性は、親の小言の量に反比例します。小言を聞き慣れた子どもは、新たな挑戦を怖がります。失敗したときは小言ではなく応援と激励を送りましょう。

### ○子どもに「間違っている」と言わないで

「そんなことも知らないの？」の代わりに「ああ、そうとも考えられるね」と言いましょう。親に意見を言うことを、子どもに恐れさせないでください。

### ○脅すような言い方は禁物

「何度言わせるの。やめろって言ったでしょう！」「また言うこと聞かずにゲームして！　ああ、まったく！」。こうした脅迫的な物言いによって、子どもは親を怖がります。伝えたいメッセージがあるときは、親も子も感情的でないときに落ち着いて話しましょう。

### ○子どもの希望を中心に、四半期ごとに計画を立ててみよう

時間単位に細かく組まれた円形の時間割は、子どもを焦らせてしまいます。今日したいこと、次の週末にしたいこと、夏休みに必ずしたいことなど、大きな単位で書き出してみましょう。

### ○子どもの好奇心を刺激するプレゼントを考えよう

興味があることへの学習欲求に火をつけてください。

### ○自然を体験させてあげよう

子どもはスポンジのように周りの環境を吸収します。公園、キャンプ、体験農園など、行き先はどこでもかまいません。

### ○決して他の子と比べないで

比較は子どもを刺激せず、むしろ傷つけます。両親にとってだけは最高の子どもでいたい気持ちをわかってあげてください。

# 2章

## 英語感覚

正しくではなく、
豊かに学ぶ

イギリスのティータイムにはいくつかのエチケットがあります。まずフーフー吹いたり、ズルズル音を立てて飲んだりしてはいけません。ゴクゴク飲む音も禁物です。体をまっすぐ立てたままカップを口に持っていき、一口飲んだらカップを置きます。

ローマ法がローマの法律の言語であるように、これらエチケットもティータイムの言語です。世界的な言語である英語に対しても同様に、状況や相手に応じて使い分けるのが社会的な配慮でしょう。子どもが英語を習得する過程は、世界のエチケットを習う過程に似ています。

子どもが言葉を覚えるプロセスは驚異的です。誰に命じられたわけでもないのに、最も身近で大切な人とコミュニケーションしながら、話し方を学びます。

家庭環境によっては、2、3の言語を自然に習得する子もたくさんいます。

こうして学んだ言語は、勉強や生活のための頑丈な基盤となります。

**子どもは母語を通じて思考や感情をやりとりし、成長し、新しい知識を学んでいきます。**

言語は、すべての学びの出発点だといっても過言ではありません。

私はイギリスに20年間暮らし、言語学を学びながら教えています。

また、英語と韓国語の2言語を使う、2人の子どもの母親でもあります。

周囲から韓国の英語教育に関する話を聞き、ずっともどかしく思ってきました。

韓国は英語教育に対して、どの国にも引けを取らない投資を国家レベルで行っていますが、はたしてその教育は正しい方向に向かっているのでしょうか？

まず、大前提から述べていきます。

英語学習において最大の効果を収めたいなら、英語というものがテストを受けて評価される対象だと、子どもに思わせてはいけません。

英語は全世界で使われている言語であり、人とコミュニケーションをとるためのツールです。

自分のコミュニケーション方法が1単語、1文章単位で評価されると感じたら、どうしてもコミュニケーションは萎縮してしまいます。

このプレッシャーは、子どもに大きくのしかかります。

英語能力を向上させるためには、ストレスなく楽しく英語に接することが第一です。

最近は少しでも早いうちから英語に慣れさせようと、インターナショナル幼稚園に子どもを通わせるケースも多く見られます。

言語学者の立場から言えば、実際には英語に接する時期は重要ではありません。より重要なのは「どう」接するかです。

しかしながら、インターナショナル幼稚園のように、イマージョン教育（訳注：目標の言語環境に浸りきった〔イマージョン〕状態で言語能力を身につけること。「没入法」とも言われる）に重きを置くと、英語に対する子どもの不安感は高まります。

韓国の子どもの英語不安の発現頻度は、世界的に見ても深刻な水準です。新しい言語に対する不安は、勉強全般に対する不安につながる恐れがあります。

バイリンガル教育に関するこれまでの研究結果を見ると、子どもが楽しく外国語に接することは、教育効果のみならず情緒や社会性の発達にも、非常にポジティブな作用を及ぼしています。

英語教育の核心は、子どもが英語を面白い言語と認識すること。話し、聞くことから楽しさを感じることです。

大切なのは、この過程で**母語を排斥せず、母語と英語を調和させる方法を学んでいく**ことです。

これは、英語以外の言語にも当てはまります。

世界はますます狭くなっています。私たちはすでに、さまざまな言語を話す人々と交わって生きていく運命にあります。

言語や文化に対する開かれた態度は、今の子どもたちに必要不可欠なものです。

# 無条件のイマージョン教育の危険性

# インターナショナル幼稚園、通わせるべき？

## 母語が断絶された環境では快適にコミュニケーションできない

英語は一つの言語である以上に、世界の人々をつなぐ媒介の役割も持っています。英語圏以外の国を旅行するとき、私たちは英語なら通じると予想します。私も英語圏以外の国で開かれる学会に参加したときなど、人々と交流するには英語だけで十分だと実感します。

英語力は、人生の舞台を広げてくれます。

**英語は蛙が井戸の中から飛び出し、世界とコミュニケートするグローバル知識人になるための必須ツール**です。

新型コロナウイルス感染症のパンデミックがデジタル化を加速化し、逆説的に世界は以前よりさらに近くなりました。英語教育は、世界的に最も熱い話題です。

その重要性を、切実に感じているからでしょうか？

韓国人は一生、英語の勉強へのプレッシャーを抱きながら生きているように見えます。

これは子どもにも伝染します。

**自分の英語力不足が、子どもの英語に悪影響を及ぼすのではないか、と心配する人もいます。**


こうしたあらゆるプレッシャーの原因の一つは、英語の実際的な難しさによるものでしょう。

しかし、私たちはすでに日常生活で英語をたくさん使っています。朝は「グッドモーニング」、夜は「グッドナイト」、子どもたちと別れるときは「バイバイ」など、挨拶も英語を使います。路上の看板にも日用品にも、英語が身近に書かれています。公的な場面でも同じです。

けれども、英語への恐怖心は収まりません。

韓国の親は、わが子ができるだけ幼い頃から英語を学び、「ネイティブのように」駆使することを願っています。

生まれる子どもの数は年々減っているのに、インターナショナル幼稚園の入園競争率が上昇している現象は、このような欲望が反映されたものでしょう。

ところが、近年の言語教育学界では、**非英語圏出身者が英語を「ネイティブスピーカーのように」操ることは非現実的であるうえ、意味がない**と考えられています。世界中で英語が使われているため、発音やイントネーションも国や地域によって多様化しているからです。

事実、ネイティブスピーカーのように英語を話すことができても、新しい地域では新しい英語を習得しなければなりません。

こうなると、「ネイティブ」とはいったい誰なのかということになります。アメリカ人でしょうか、イギリス人でしょうか？

実際、アメリカやイギリスでも、多様な人種の人々が多様な英語を使います。

このような現実を無視し、**インターナショナル幼稚園で白人教師ばかりを優遇するのも、時代に逆行しています。**

インターナショナル幼稚園では、欧米出身の韓国系の先生も好まれません。けれども、この先生方は韓国語と英語両方の言語感覚を持っているため、学界において望ましいとされる、複数の言語を一つの文章の中に混ぜて使う行為、つまり「コードスイッチング（code-switching）」に長けています。

そのため、子どもたちにとってよい先生になれるのです。

しかし、親たちは韓国系の先生が韓国語を話せることが、白人ではないことが、英語に浸る（イマージョン）妨げになると考えます。

インターナショナル幼稚園では、不自然なほど異国的な環境で、子どもたちに英語を教えます。

**母語の生活環境が遮断された空間で、完全に英語だけに集中しなければならないのです。**

**このような二分法的な考え方の言語学習では、子どもたちは気楽に英語でコミュニケーションなどできません。**

英語の勉強は幼い頃のほんの一時ではなく、生涯にわたって続く道です。幼い頃は歌を歌ったり絵本を読んだりで済んでも、成長するにつれ、必要に応じてより高度な英語を学ぶことになります。

親が子に植え付けるべきなのは、英語をあきらめない心であり、これは言語を学ぶプロセスそのものが好きな心とも言えます。

テストの圧迫が比較的少ない幼児期には、ただ楽しい気持ちで、自然に英語に触れさせてあげましょう。

**英語でコミュニケーションすることの楽しさを覚えさせ、恐怖感を減らすよう教育戦略を立ててください。**

結局、言語教育の目標は自分だけの言葉を料理して人をもてなし、関係を結べるようにしてあげることです。子どもを料理コンテストに出すことではありません。

## インターナショナル幼稚園は、致命的な毒になりうる

### インターナショナル幼稚園に通った3人の子どもの例

近年、インターナショナル幼稚園は、選択肢の一つではなく必須事項だと言われています。

評判のよいインターナショナル幼稚園には、お金を積んでも通わせることができません。

まずレベルテストに合格する必要があり、合格しても合格者の間でまた競争することになります。このテストのための塾も別に存在します。

こうした現実に疑問を感じながらも、やむを得ずインターナショナル幼稚園に子どもを行かせる準備をするのが、今日の韓国の親の現状です。

子どもをインターナショナル幼稚園に入れられなかった親は、わが子の未来を案じて大きなため息をつきます。

韓国の親は、子どもが韓国語を覚え始めた瞬間から、あるいはそれ以前からすでに、英語教育に途方もない投資を始めます。

いわゆる高額なインターナショナル幼稚園は、「当園に通う5歳児はもうTOEFLの点数を何点とった」、「英単語をいくつ知っている」などといった、競争的で消費的な教育指標によって親を誘惑してきます。

相談の予約は数カ月待ちで、やっと幼稚園に行くと、「もう遅れを取っていますが、今からでも始められることは幸運ですよ」などと言われたりします。

早くも同じ年の子に遅れてしまったように感じ、親は子どもに申し訳なく思います。高い教育費のことなどもう度外視です。親はどんなに倹約しても、子どもの教育が第一です。

大人は、子どもが英語からのストレスを受けにくいと思い込んでいます。

**幼いうちは英語にどっぷり浸からせれば自然に吸収して覚えていく、だから何のストレスもないと考える**わけです。

ですが、**母語の表現を習い始めたばかりの子どもは、英語しか使えない環境で大変な苦難を経験します。**

もちろん適応する子どももいますが、ほとんどがそうではありません。

オックスフォードの私の教え子の多くが、アジアの国で英語講師をした経験があります。そのうちの一人は、韓国のイマージョン式インターナショナル幼稚園で1年間教えました。

子どもたちは英語しか話すことを許されず、園児も教師も韓国語を少しでも使うと罰を受けたそうです。

ある子は韓国語を使ったという理由で手のひらを叩かれ、また、複数の子どもが緘《かん》黙《もく》症（心理的な原因で言葉を発せなくなる症状）にかかったり、髪が抜けたりしました。

次の三つの事例は、子どもの英語不安について研究しながら、インターナショナル幼稚園で教えた経験を持つ先生から集めたものです。

●事例1

Aは、インターナショナル幼稚園に4歳から通い始めました。まじめに通園し、宿題もきちんとやってきて、他の子と同じように英語が上達し始めました。

しかし4カ月ほど経った頃から、異常な行動が見られるようになりました。**発表の時間に自分の順番でもないのに話し出したり、他の子どもたちに無礼なふるまいをしたりします。**

英語学習に関しては申し分なかったため、大きな問題ではないと思いました。ところが数週間後からいらだちをあらわにし、自分の髪を引き抜き始めたのです。とうとう前髪はすべて抜かれてしまいました。

●事例2

Bは、他の子より遅くインターナショナル幼稚園に入園しました。

すでに他の園児は6カ月ほど授業を受けていたので、みな英語だけで話す環境に慣れています。

Bが前に通っていたのは、韓国語も英語も使ってよい幼稚園でした。

**インターナショナル幼稚園の子は、Bに英語だけで話しかけるので、Bはなかなかコミュニケーションがとれません。**

遊び時間にBは他の子に何度も韓国語で話しかけましたが、みんなBを無視して自分たちだけで遊んでいます。

この頃からBは、とてもいらだっているように見えました。先生の私が何を言っても、無視して反応しません。おそらく言葉が聞き取れなかったのでしょう。とうとうBは他の子たちを殴り始め、このためにみんなと隔離されるようになっていきました。

私はBと韓国語で話したかったのですが、韓国語を絶対使用しないというインターナショナル幼稚園の特別規則があったので、どうすることもできませんでした。

### ●事例3

Cは静かな子でした。

作文の時間には、他の子たちよりずっと上手に英語を書くことができます。

ですが、Cはまったくしゃべりませんでした。

私が名前を呼ぶと、怯えた様子を見せます。園内で韓国語を使ってはいけないというルールをよくわかっていて、韓国語も話しませんでした。

一日中一言も発しないまま、家に帰ることもよくありました。


4歳の子どもが英語ストレスから幼稚園に行くのをいやがり、話さなくなったり、髪の毛を抜いたりする異常行動を見せたら、これは決して見過ごしてよい状況ではありません。深刻な重大事です。


韓国のインターナショナル幼稚園にはたいてい、韓国語を使ってはいけないという規則があります。

完全なるイマージョン教育こそが英語学習に最も効果的だという、誤った信念から来たものです。

実際、英語に浸る効果自体が悪いというわけではありません。その効果を求める場所が、「どのようなイマージョン環境」なのかが問題なのです。

**強制的な英語環境によって植え付けられた恐怖心は、子どもの人生全般にわたり、言語学習に致命的な悪影響を及ぼす恐れがあります。**

私は最近、子どもの英語恐怖症が、のちに精神的、社会的な問題に発展する危険性があるという研究を発表しました。

研究していく中で、英語恐怖症の症状がある子どもの親のほとんどが一様に、子どもの苦痛を、短期的で一時的な現象とみなしている事実を知りました。

英語力向上という今後のメリットを優先し、子どもの症状を無視してやり過ごしてしまうのです。なんと残酷なのでしょう。

こんな経験をした子どもにとって、これからずっと学びながら生きていかなければならない世の中はひたすら不安で、恐ろしいだけではないでしょうか?

「いつ」英語学習を始めさせるべきか、という質問をしばしば受けます。

しかし、質問のポイントは「いつ」ではなく、「どのように」であるべきです。

最優先事項は、英語の楽しい学習経験を積むことです。
無理に英語漬けにせず、自然に楽しく二つの言語の壁を越えるとき、子どもの英語の家は大きく頑丈に建ちます。

**母語を禁止し、英語だけを使わせる厳格なイマージョン教育は、英語教育のみならず、子どもの認知発達や人格発達にも毒になります。**

どうか忘れないでください。

いくら高価なインターナショナル幼稚園に通わせても、子どもが少しでもストレスと共に憂鬱さや不安感を覚えるなら、そこは決してその子に適した教育空間ではありません。

インターナショナル幼稚園は、時間的側面からは効率的です。
子どもの言語習得が大人より早いという事実にも、議論の余地はありません。
しかし、子どもはロボットではないのです。
先日、ルクセンブルクのハングル学校で講義をしました。ルクセンブルク語、フランス語、ドイツ語を使う国のため、4言語を話す子どもたちもいました。

しかし、その子どもたちは、言語ストレスに悩まされてはいませんでした。

自然に楽しく言語に接する環境であれば、時期も、習得言語の数も問題にはなりません。


問題は、言語と言語の間に境界を作り、子どもたちに一つの言語だけを話させる強制的な環境や、過度な評価目標などにあります。

英語はグローバル時代の言語です。そのため、誰もが簡単に学び、身に付け、書くことができなければなりません。

インターナショナル幼稚園に通わせることで、子どもの能力が楽しく成長するなら素晴らしいことですが、かえって英語に対するストレスと恐怖が深刻になるならば、親は果敢にインターナショナル幼稚園に背を向けて、「子どもを守る勇気」を示さなければなりません。


子どもが一生、思いのままに英語を使えるようになってほしいと望むなら、いったい何のために子どもに英語を学ばせるのか真剣に考え、答えを探してみてください。

インターナショナル幼稚園に通わせるかどうか悩む前に、まず好奇心を持って、楽しく英語に接する方法を考えてみましょう。

それでも、インターナショナル幼稚園に通わせたいと思い、子どももそれを望むなら、まずはカリキュラムをしっかりチェックしてください。そのカリキュラムで子どもが楽しく学べると確信したら、インターナショナル幼稚園はよい選択肢になり得ます。

## 恐怖心に勝つのは好奇心

重要なのは英語で伝えたい内容

イギリスの子どもたちにも、英語は難しいものです。

イギリスでは、小学校1年生で初めて作文を習います。すでに音では知っている単語を、文法に則って表現する技術を、間違えながら身につけていきます。

ネイティブスピーカーでも難しい英作文を、韓国のインターナショナル幼稚園ではもっと幼い頃から始めます。

宿題が難しすぎて、結局家で母親が全部やってあげたりします。英語は子どもにとって恐怖に、親には負担になります。

こうした状況で、英語への好奇心や達成感が育つことを期待するのは無理です。

重要なのは、英語で伝えようとする内容です。

スペルや文法の呪縛から、抜け出さなければなりません。

すでに最近は、ＡＩが文章のあらゆる文法的ミスを自動で直してくれます。

しかも、近年のように英語が多様化する中で、自らを文法の枠に閉じ込めるのは、時代に逆行する行為です。

**幼児期に英単語を強制的に覚えさせられ、文法的正確さを評価される経験は、英語を手に負えないものにしてしまいます。**

では、英語への好奇心を育てるには、どうすればよいでしょうか？

友達を通じて英語に接するのも、一つの方法です。映画やドラマ、歌からも楽しく学べます。好きな歌手や俳優ができると、より英語に対する興味も増すでしょう。

子どもたち一人ひとりの性質によって、アプローチはさまざまです。

ですから親は、英語関連の何に子どもの心が動くのか、まずきちんと把握しなければなりません。

## 10歳以降に英語を始めても差はない

10歳前に必ずやるべきこと

現代の言語学と言語習得の研究は、ノーム・チョムスキー博士の言語理論から始まったといっても過言ではありません。

博士の理論でつねに注目されてきたのは、時期論です。つまり、いつ学ぶのが言語発達において最もよいか、ということです。

人間の言語発達のエンジンは、大人になるほど力を失い、一定時間が経つとそれ以上作動しないことが、複数の観察結果で明らかになっています。

言語習得の時期を逃した子どもたちが、とうとう母国語ですらきちんと習得できなかった事例は多くあります。

こうした研究をもとに、言語習得は幼いほど容易であるという学説を英語教育界が打ち出したのも、自然な流れでしょう。胎教英語という方法論の登場も、そうした学説の脈絡上にあります。


しかし、はたして本当にそうでしょうか？

私が初めて英語のアルファベットを習ったのは、中学校に入る前の冬休みで、子どものように言語を自然に習得できる時期はとっくに過ぎていました。

だからといって、その後英語で話したり、文章を書いたり、研究したりするのに大きな困難は感じていません。

周りにいる多くの外国人教授や隣人たちも、私と同じです。幼い頃から英語に接していなくても、十分に英語を使いこなしています。

最近、アメリカのＭＩＴ（マサチューセッツ工科大学）で、初めて英語を学び始める年齢と、英語力の相関関係を明らかにするための研究が進められました。67万人が参加したこの研究結果は、「言語習得の『決定的時期』は、ごく幼い時期に形成される」という既存の学説に風穴を開けています。

言語習得の効率は、18歳以降から減少し始めますが、それ以前は**幼児期から英語の勉強を始めた集団と、10歳以降に始めた集団との間に、英語駆使力に関して大きな差は見られなかったのです。**

小学校高学年以降に本格化する学校の英語学習のためにも、それ以前に英語を楽しく負担のない知識の対象として接することは大切です。

応用言語学ではこれを、「タスク中心教授法（Task-based language learning）」と言います。

私の下の娘は、７歳から歌を通じてフランス語を学んでいます。

彼女のフランス語文法の実力は、一言で言って残念ですが、それでもフランス語の授業が大好きです。おいしいケーキを作りながら、フランス語を勉強することもあります。

楽しく口ずさめるフランス語の歌は、現在5、6曲。文法は知らなくても、歌詞の意味は理解していて、いつでも歌うことができます。

夫のフランス人の友達が家に来たときは、娘がフランス語の歌を歌って驚かせ、楽しませてくれました。

こうした経験が興味や学習動機を誘発すれば、彼女は中学校に行っても自発的にフランス語を学ぶでしょう。


私はというと、大学でフランス語を履修しましたが、そこで学んだフランス語はほとんど覚えていません。

むしろソウルで、8歳のフランス人ソフィーから習ったフランス語の方が、よほど記憶に残っています。


当時、私はフランス語を学ぶためにはフランス語話者に接しなければと思い、フランス人が多く住むソレマウルによく足を運びました。

そしてスーパーマーケットにベビーシッターの広告を貼ったところ、ソフィーという子のお母さんから電話があったのです。ソフィーを学校に迎えに行き、おやつをあげて遊んでほしいとの依頼でした。

このときから、ソフィーは私の最高のフランス語の先生になりました。

ソフィーの前では文法を間違えるのではないか、とがめられるのではないかと心配する必要もありませんでした。

同じように、ドイツ語を勉強するときは、ドイツ文化院に足繁く通いました。イギリス文化院にも休みのたびに通い、本を読んだりビデオを観たりしたものです。

こうした経験は、私にとってかけがえのないものでした。

志のあるところに道があると考え、フランスに、ドイツに、イギリスに実際には行けなくても、自分なりに似たような体験を作ったのです。

最近は、**現実に行かなくても経験できることが無数にあります。**

**仮想空間で、学ぶ機会を作ることもできます。**

市役所や区役所も、優れた教育活動をたくさん提供しています。

子どもと相談しながら、そうした楽しい機会を活用してみましょう。楽しい体験を通じて、子どもを学ばせてあげてください。

# 「おうち英語」は可能なのか？

## 「おうち英語」の問題点

### 親子が先生と生徒の関係になると安心感が得られない

近年、子どもの英語学習方法として、「おうち英語」（訳注：韓国では「ママ印英語」と呼ばれる）が人気です。

おうち英語とは、親（主に母親）が先生になって、家で英語を教える教育です。特定の曜日と時間を決めて、英語の映像を見せたり、音声を流したり、英語の絵本を読んだりする方法が一般的です。

YouTubeやブログには、おうち英語に関する情報が溢れています。難易度別に教材を紹介するコンテンツもあり、子どもが一人で学習するときに活用できる映像も見つかります。

「おうち英語の成功話」も盛んに繰り広げられています。そうした情報に接していると、まるで子どもの英語力の責任がすべて母親にあるかのように感じられます。

この「おうち英語」という言葉には、問題があると思います。

この言葉には、実際に英語を学ぶ「子ども」があまり重要視されていません。

**映像を見せ、オーディオ教材を一方的に聞かせる英語教育は、子どもを英語に対して受動的にします。**

私たちが、字幕なしで洋画を観たり、洋楽を聴いたりするのと似たようなものです。観たり聴いたりするには楽しいですが、コミュニケーションツールとして英語を学ぶには不足しています。


もう一つの問題は、最終的に母親は子どもの先生ではないということです。

「おうち英語」には、母親の大変な努力が求められます。

英語の教育法を勉強し、教材、映像、オーディオなどさまざまな資料を探すのに孤軍奮闘しなければなりません。

こうした場合、「おうち英語」にかけた努力のわりに子どもの英語が伸びないときなどに、平常心で子どもに接するのが難しくなることがあります。

力を入れれば入れるほど、子どもに対する期待値も高くなるからです。

母親が時間と資源を子どもに投資する教育では、子どもは母親を、成果を出さなければならない投資家とみなすようになるかもしれません。

母親の投資が無駄ではなかったと示そうとする過程で、親子の関係がこじれる危険性も大いにあります。


母親は、自分のせいで子どもは英語が苦手になるかもしれない、もっと自分が英語を勉強すべきだろうかと心配になります。次のおうち授業のために、本や映像を選ぶのに悩んだりもします。

成果があまり出ないと、何か子どもに問題があるのではないかと不安を感じます。


**子どもの英語教育には母親がすべての責任を負う、などと思わないでください。**

**子どもにとって親は話し相手であり、同等の立場で影響し合える人、人生のガイドです。**

そして何よりも子どもの情緒発達のために、**家庭は家族全員にとって安らげる場所**

であるべきです。塾や自習室にしてはいけません。

一般的に「おうち英語」には、子どもが幼稚園に行く前や、寝る前などの空き時間が使われます。

家族全員が一緒に過ごす時間が絶対的に足りない状況で、子どもと話せる貴重な時間さえ英語教育に割かれる状況は、何とも残念です。

「おうち英語」と「子どもとの交流」の二者択一なら、後者を逃してはいけません。

日常的に母語と英語を混ぜて使い、文法的に厳密にならず自然に遊ぶようにコミュニケーションするのはよいでしょう。

しかし、親と子の関係が先生と生徒の関係になってしまったら、子どもは親に対して当然抱くべき、安心感を抱けなくなります。

# ライティング教育の本当の基礎とは？

――英語ネイティブもよくスペルミスをする

韓国では誰かの英語力を測るとき、試験の点数がレッテルのように示されます。

もちろん、英語が母語ではない国で、効率的に英語の実力を測るのに適切な方式ではあるでしょう。

しかし、**試験の恐怖と結びついた英語は、子ども、大人を問わず、みなに不安感を誘発します。**

しかも、高い点数を取ったからといって、巧みに英語を操れるとは限りません。英単語のスペルや文法を正しく覚える能力が、実質的な英語力ではないのです。

友人の娘ベスは中学校1年生です。作文が上手で、たくさんの賞を受賞しました。けれども、実はベスの書く綴りはそれほど正確ではありません。

子どものレベルにおいて、ライティング能力と、綴りを覚える能力は別のものです。

『ハリー・ポッター』を書いた児童文学者、J・K・ローリングも、よくスペルを間違えると告白しています。

韓国の初期英語教育では、しばしばスペリング教育が、あたかも作文教育の基礎であるかのように語られる一方で、実際の英作文の教育は後回しにされています。

英語力の基準は、「いかに話し、文を書くか」によって求められるべきです。

イギリスの子どもたちは、幼い頃から学校で作文の授業を受けます。

上の娘の場合、小学校のとき金曜日に1時間、自由にお話を作る授業がありました。先生はそれにコメントを入れてくれますが、たいていは文法より内容についてのものでした。

**子どもに必要な英語教育は、英語を正確に書く教育ではなく、英語で自分の考えを表現する教育です。**

以前、下の娘が、プラスチックが環境に与える影響をテーマに、詩を書く課題を出されました。

彼女は書くことに恐怖心がないので、さっと次ページのような詩を作りました。綴りはかなり間違っています。けれども、誰も考えつかない方法で書かれた、オリジナルの詩です。

**恐怖感のない表現は、子どもの想像力に翼をつけてくれます。未来はきっと、AIが文法を自動的に直してくれるでしょう。ですが、想像力だけは子どものものです。**

母語であれ英語であれ、子どもが言葉によって、考えや感情を思う存分表現できるよう、たくさんの機会を用意してあげてください。

子どもたちの学ぶ英語がノートだけに留まらないよう、書けて話せる英語にしてあげましょう。

## Plastic Land

Ocean ocean, gleam like
Dimonds of the blue

Creachers creachers, of the
Sea, lots of differnt kinds they
Can be

Plastic plastic, in the sea
There it should not be

Ocean ocean full of plastic
Green like swamps and gue

Creachers creachers softer
And die and in our rupish they
Drown to perish

Plastic plastic in the
Sea there it should not
Be.

## プラスチックランド

海、海、キラキラ光る
青いダイヤモンドのように

命たち、命たち、
海でさまざまに
生きていく

プラスチック、プラスチック、
海の中に
そこにいてはいけない

海、海、プラスチックでいっぱいの
沼や河のように緑色の

命たち、命たち、苦しんで
一つ、二つ、ごみの中に
埋もれて死んでいく

プラスチック、プラスチック
海の中のプラスチック
あってはいけない

※青字はスペルミスをしている英単語です。

# お金をかけない「おうち英語」は可能だ

## ――AIを活用せよ

2022年11月、チャットGPTが世界に公開されると、AIによって変貌する未来に人々の関心が集まりました。

チャットGPTのような生成型AIの特徴は、入力値に応じて絶えずデータを生成することです。

人間の言語で質問して答えを導き出すことができ、特に文脈に合ったコミュニケーションが可能だという点が注目されました。

このような生成型AIは、書くことと話すことを含む言語学習全般において、卓越したアシスタントになり得ます。

文章構造の改善点を提示してくれますし、多くの例文も生成してくれます。

**これまでは、こうした細やかなマンツーマン作文教育を受けるには相当の費用がか**

かりましたが、今や技術の助けを借りて、誰でも手頃な費用でライティングを学べるようになったのです。

生成型ＡＩにそれらしい音声を加えれば、実際に人と話しているような自然な会話の練習も可能です。

人工の音声に子どもがなじめるのか、という疑問もあるかもしれません。

しかし、ＡＩ環境で育った子どもたちはすでに、SiriやAlexaといったＡＩサービスとの対話に慣れています。

先日、チェコでＡＩワークショップに参加したところ、チャットＧＰＴに関する説明が終わらないうちから、生徒たちは自分でプロンプトを使用し始めていました。

ＡＩの発展は、失敗を恐れる子どもや内向的な性格の子どもにとって、この上なくよい機会です。

私たちもよく知っているように、言語教育の最大の障害は恐怖心です。これが解決されていない英語教育は、サイドブレーキのかかった車と変わりません。

教室で自分に注がれる教師や生徒たちの視線は、恐怖心を持った子どもに緊張と不安を呼び起こす大きな障害物です。

以前、学生を対象に3カ月間ＡＩで言語の授業を行ったところ、**学生たちはＡＩアシスタントとの学習では、こうした否定的な感情をほとんど覚えず、ミスに対する不安感も顕著に減少しました。**状況に応じた対話練習もできるため、緊張感が生じる実際の会話に備えるためにも適していました。

ＡＩアシスタントとの学習は、私のフランス語の勉強において、8歳のソフィーと話すことで心の緊張ブレーキを解除したときと似ています。

こうした場合に、言語習得の脳は正常に作動するようになります。正常に作動する脳は幸福感を感じ、その幸福感はさらなる学習欲求を推進します。

ＡＩ教育は、個人に合わせて学習内容や速度を調整しやすく、子どもの好奇心を刺激し、学習動機の誘発にも有効です。『アナと雪の女王』のエルサ、『スパイダーマン』のスパイダーマンといった、子どもに人気のキャラクターと直接対話するよう設定することもできます。

個人的な関心事について質問をするのにも最適で、英語でコミュニケーションする楽しさを感じることができます。

ＡＩアシスタントは子どもが何度質問しても面倒くさがりませんし、知らないことを聞くとき顔色をうかがう必要もありません。

ＡＩ技術が子どもの教育に非常によいツールであることを理解し、最大限活用してみてください。

ＡＩアシスタントは親より体力もあり、果てしなく言葉を生成し、子どもの対話相手になります。

しかし、気を付けたい点もあります。

チャットＧＰＴのような生成型ＡＩは、内容が偏向していたり、事実ではない情報を提示したりする場合も多いことです。絶対的な知識習得の窓口として、このツールを使うことには慎重になるべきです。

とはいえ、徐々にこうした限界も克服されることが期待されています。

ＡＩ教師は、今後の言語学習のゲームチェンジャーになるでしょう。

## 親の発音コンプレックスが子どもにうつらないか心配？

――発音よりも子どもが自信を持って話せるようにすることが重要

発音は、韓国人が英語を勉強する際、最も重点を置く要素です。

相手がきちんと聞き取れるように話さなければならないという次元で、発音は重要です。

しかし、発音に正解があるかというと、それはまた違う次元の話です。

イギリスで私は、さまざまな英語の発音に接します。フランス人はフランス式英語を、ドイツ人はドイツ式英語を話します。

韓国人は、アメリカ式かイギリス式の発音をマスターしようとあがき、自分の発音をコングリッシュなどと自嘲しますが、私は恥ずべきことでも、改善すべきことでもないと思います。

言語を自分のものにする上で、土着化は不可欠です。アメリカ英語、イギリス英語を、オウムのように真似することにあまり意味はありません。

特定の発音と言語環境に長く身を置くと、人は自然にその環境に同化していきます。無意識にそうなっています。

これは、相手が自分の言うことを理解しやすいようにという、意識的な配慮かもしれません。

もちろん、一定の人々は特定の発音を好み、自分のスタイルに合わせてイギリス英語やアメリカ英語を選択します。いずれも問題ありません。

つまり、韓国式の発音に劣等感を持つ必要はないのです。

**劣等感は子どもにも伝染します。**

韓国語を母語とする子どもが、ネイティブのように英語を駆使するのはかなり大変なことです。そんな劣等感は、世界の人々とのコミュニケーションに再びブレーキをかけてしまうでしょう。

重要なのは自信です。

自信を持って話す姿勢が、説得力を高めてくれます。

心理学者アルバート・メラビアン教授の研究によると、コミュニケーションは93％が言葉以外の身体言語（55％）と、声のトーン（38％）に依存します。

いくら完璧に話しても、自信がなければコミュニケーションは成功し難いのです。

**子どもが自信を持って何でも話せるよう、発音に対する厳格な基準は撤廃しましょう。**

**自信を持つことができたら、英語学習の最大の山の一つを、すでに越えたことになります。**

# 言語の広がりは、子どもの世界を広げる

## 鈍い子をつくる親の行動

### 思い、感情、疑問、子どもの話を遮らない

**勉強の第一歩は言語を学ぶこと**、そういっても過言ではありません。

ここで言う勉強とは机上の学習ではなく、人々と交流しながら自分を取り巻く世界を知っていくことです。

生まれた直後から子どもには、情緒的なつながりを形成する人々と日々使う言語があります。

世界的な認知科学者スティーブン・ピンカーは、韓国語であれ英語であれ、人は母語の中に存在する「思考言語」で考えると主張し、この抽象言語を心的言語（mentalese）と呼んでいます。

子どもの心的言語は、周りの人々との絆を築く言語で形成され、発達します。

やがて子どもは、見聞きしたことに対する自分なりの考えを言語で表現し始め、徐々に文章を読めるようになり、より複雑なことを学んでいきます。

子どもはまた、さまざまな感覚を感情に結び付けて言語を認識します。愛情あふれる表情とともに伝えられる幸せな言葉、しかめた表情から聞こえてくる悲しい言葉、ささやく声に込められた優しい言葉、といった結びつきです。

研究によると、人は母語以外の言語を使う際、自分や他人の感情変化に対する感度が低下します。

母語以外の言語を理解するために、脳が感情処理以外の認知領域を、より活性化させなければならないからです。

子どもにとって最も親密であるべき「思考言語」は、考え、表現し、感じる言語です。よく発達した思考言語は、子どもを社会的な人間に成長させてくれます。

そして、あらゆる学びの丈夫な土台になります。

10歳以下の子どもは、一日中おしゃべりをしています。

突然浮かんだ考え、生まれた感情、疑問について、親に伝えたいことがいっぱいです。もしもここで言葉を遮断されたら、それは思考、表現、感情を遮断されるのと同じことです。

表現したい、話したいという子どもの心を守るためには、何よりも楽しくて意味のある、豊かな言葉を使うことが大切です。

## わが子をスーパーリンガルにするには

### ――子どもの興味に関連する言語を学べばいい

今や、好みや場面によって、異なる言語や単語が使われる時代です。

以前は、バイリンガルやマルチリンガルが、言語学界の主要な話題でした。

これは、「一つの国に一つの言語」をスタンダードとする考えがベースとなっていたためです。20世紀の民族主義が生んだ認識でもあります。

しかし今は、多様な国々を出身とする人々が共に暮らしているため、バイリンガルやマルチリンガルという語でグローバルな言語使用の様相を表現することは困難です。

**21世紀の市民の暮らしは、数多くの言語と文化の境界を越えて作られる、スーパーリンガル、スーパーカルチャーの時代に来ています。**

スーパーリンガルの時代は、誰もが直面している現実です。

スーパーリンガルは、言語の消費者と生産者の役割を兼ねています。ハイブリッドな言語や文化は、いずれ日常化するでしょう。

世の中には数多くの言語があり、英語はその一つです。

英語だけを学ぶことは、世界の一部だけを切り取って学ぶことに過ぎません。

たとえば、過去と通じるためには、古典言語も知る必要があります。

以前イギリスでは、医学生はギリシャ語を学びました。病名にはギリシャ語に由来するものが多いからです。

また、肉体的な病を治す基本は人間への理解であるとの認識から、人文学を学ぶ学生も多くいました。

韓国では、文系と理系が非常にはっきりと分かれています。理系の学生が語学に興味を示すと変わっていると思われ、理系学生には第二外国語を履修する機会も与えられていませんでした。

はたして、これは正しい方向でしょうか?

**オックスフォード大学の言語関連学科への志願者の多くが、数学や科学分野の優秀な学生です。**

**同様に、数学や科学系の学科への志願者には、一つか二つの言語を入試科目として学んだ学生が少なくありません。**

効率を重視する韓国の教育システムでは、想像もできないことです。

歴史を専攻するある学生は、インド史に興味があるので今学期からサンスクリット語を勉強すると話していました。

どんな学問でも、その原本を記録した言語を勉強してこそ、より深い学術的理解に至ることができます。

歴史を学び、文学を学び、哲学を学ぶためのツールとしても、人々は言語を学びます。

何よりも私がこの学生から感じたのは、イギリスの学生たちが新しい言語を学ぶことに偏見がないことでした。

私たちは通常、「なぜこんな無駄なことに時間を浪費するのか?」という、実用的な問いかけで、多くの物事を決めがちです。

そのような考えのもとでは、サンスクリット語の実用性は低いでしょう。

しかし、人文学や芸術のように人生を豊かにしてくれる知識は、しばしば実用的ではありません。

子どもの言語能力、言語感覚を成長させるためには、言語にはめられた試験という枠を断ち切る必要があります。専攻生だけが、ある言語を深く勉強するという認識も変わらなければなりません。

**子どもたちにさまざまな言語を楽しむ機会を与えることは、短期的には時間の無駄**

のように思えるかもしれません。

しかし、長期的には言語感覚を高め、英語を含む新しい言語に対する抵抗感を減らしてくれるでしょう。

## 核心は英語ではなく言語

――他言語や多文化へのポジティブな経験を

先日、イギリスのある小学校で、インドの言語について講義しました。

イギリスにはインド系の人々が多く住んでいますが、ほとんどのイギリスの子どもはインドで話されている言語について知りません。

英語の社会を生きている私たちが、世界のいたるところで経験する問題です。世の中にあるのは、英語だけではないのです。

知人はこんなことを言っていました。

「うちの娘クレアには、アキコという日本人の友達がいました。アキコは学校に、とても美しいお弁当を持ってくる子だったそうです。大学生になった娘は当時を振り返り、アキコと親しく過ごした経験が、他の言語や文化に心を開かせてくれる大切なきっかけになった、と話すんです」

このように、**他の言語や文化に対するポジティブな経験は、子どもの包容力を成長させます。**

見知らぬ言語や文化に接するとき、恐怖や拒否感よりも好奇心と開かれた心で近づいていくようになるのです。

## 今すぐ子どもと一緒に 英語感覚UP！

### ○1週間に一度、図書館に行く習慣をつけよう

面白そうな本を自分で選ぶ楽しさを教えてあげましょう。面白さを感じたら、子どもの言語は自然と豊かになっていきます。

### ○寝る前に、物語の本を一冊読んであげよう

言語感覚を育てるには親の声が最適です。読むことに集中しすぎず、子どもとコミュニケーションしながら読んでください。

### ○子どもが一人読みを始めたら、読書ノートをつけよう

読んだ日付と本のタイトル、新しく覚えた単語、子どもの反応など、読書経験や成長について記録しましょう。子どもの教育のための興味の対象や、学習の方向性の

把握に大きく役立ちます。

## ○子どもが使った単語を、日記のように記録しよう

子どもが自分の言葉に自信を持ち、より自由に話せるように、子どもの言語習慣に合わせてコミュニケーションしてください。

## ○子どもが創造的な母語を使ったら、大いに褒めてあげよう

普通は英語を上手に話すと手放しで称賛しますが、英語が母語より重要だという認識は危険です。

## ○「ママとパパは英語が下手」と言わないで

子どもが、下手な英語と上手な英語を区別するようになります。そうなってしまうと、子どもは英語を自然な自分の言語と思えなくなります。

## ○いろいろな言語を、自然に織り交ぜて使ってみよう

言語と言語の間の壁を子どもに崩させてください。言語感覚が鋭くなります。

# 3章

# 未来感覚

未来が望む
人材の核心要素

イギリス人は朝起きるとブレックファストティーを飲みます。出勤前、どんなに忙しい朝でも、起きたらまずはケトルにお湯を沸かします。カフェインは残った眠気を追い払い、今日一日を見通すクリアな気持ちを呼び覚ましてくれます。

この時間のおかげで、自分が何をするかもわからぬまま忙しさに身を投じることなく、一日のスタート地点に立つことができるのです。

子どもの一日を、さらには未来を準備しなければならない親たちにも、こんな時間が必要です。

近年、情報へのアクセシビリティはますます高くなっています。民主主義社会の大衆は知る権利を主張し、あらゆる情報を公開することを要求します。

以前は、大衆の知らない情報を持っている人が、その分野の専門家と呼ばれました。

しかし、大衆と情報をつないでいた専門家の役割は、日増しに縮小しつつあります。

多くの人々は、必要な情報を直接探し出すことができ、もはや情報を希少とは感じません。

ビッグデータ、ＡＩなどに代表される「第四次産業革命」の話題が、２０１０年代を席捲《せっけん》しました。

しかし今や、第何次かをただす意味さえなくなるほど、恐ろしい速度で技術が発展しています。

世の中を驚かせているチャットＧＰＴや、絵を描き、音楽を創作するＡＩ

技術は、数年後には当然の日常になるでしょう。

教育も、これに歩調を合わせて変わらなければなりません。

暗記能力は、日に日に効用を失いつつあります。つまるところ、記憶力に関してはＡＩの方が人間より優れているからです。

未来の人材に求められるのは、情報を適切に運用する能力でしょう。この能力の核心は、これまでの教育が今まで疎かにしてきた観察力、洞察力です。

今後5年、10年以内に何がどのように変わるのか、子どもたちにくわしく話すことは難しいでしょう。

しかし一つ確かなことは、今、学校で学んでいる知識は、社会に出て働くときには無用の長物になる可能性が高いということです。

だからといって、子どもが成人してからも親がそばで「これを勉強しなさい、あれを勉強しなさい」と言うことはできません。

そのため、子どもたちには生涯、自発的、継続的に勉強できる力が必要になってきます。

急変していく生活の中で、新たな情報や技術に出会ったとき、それを理解し、習得し、活用できる学びの土台を作らなければならないのです。

さらに、子どもたちの世代が直面する、もう一つの重要な変化があります。それが「人口減少」です。ご存じのように、韓国の出生率は世界最低です。全国各地で小学校が閉校しています。

韓国のどの都市に行っても、マンションが林立する光景が見られますが、これらのマンション群が10年、20年後も全室埋まっているかは疑問です。近い将来、空き家だらけになるかもしれません。

子どもたちは今後、同年代の仲間を見つけにくい未来を生きることになるでしょう。

このような時代を生きなければならない子どもたちに、最も必要な価値観は何でしょうか？

数少ないクラスメイトと、激しく順位を争う競争心でしょうか？

競争は、孤独な時代を生きる子どもたちを、さらに寂しくさせるだけです。

**これからの子どもたちに最も必要な価値観は、競争ではなく、「共存」と「共生」なのです。**

# 「オックスフォード式教育」を考える

## オックスフォードが特に力を入れる教育

### 3年間毎週、教授と1対1で議論する

2005年に、MIT(マサチューセッツ工科大学)の言語学研究所でノーム・チョムスキー教授の講義を受けたとき、毎回質問を一つずつ考えてくる課題を出されました。この課題は、自分なりの批判的な思考や洞察力を導き出す助けになってくれました。こうした教育方法は、AI時代に備えるべき重要な資質とも直結します。

**子どもたちには学んだことを批判的に考え、自分の質問に変換する能力が必要です。また、その質問について人々と自由に考えを交わし、討論できなければなりません。**

最近はYouTubeでも、イギリス国会で毎週水曜日に行われる「プライムミニスターズ・クエスチョンズ(PMQ:Prime Minister's Questions. 首相に対する質問制度)」を、リアルタイムで観ることができます。

あらかじめ用意された質疑応答文書を読みあげる韓国の議員を見慣れていると、熱

い討論を展開するイギリスの国会議員の姿は実に新鮮です。イギリス国会では、こうした討論はそれほど珍しいことではありません。

イギリスの子どもたちは、幼い頃から対話と討論の文化を体験します。

**オックスフォード大学は、「チュートリアル」という小規模なグループ教育に大変力を入れています。**

他の講義は欠席しても成績に大きな影響はありませんが、教授と1対1あるいは小規模のチュートリアルに欠席すると警告を受けます。

チュートリアルでは、学生たちが自分のエッセイを持ってきて教授と討論、議論します。入学してから卒業するまでの3年間、このカリキュラムを繰り返すのです。

**チュートリアルは一方的な知識伝達の時間ではなく、教授と学生が思考をやりとりする時間です。**

**対話の主題は、広くなくてもかまいません。一つの問題について、毎週一度ずつ対話し、討論します。**

オックスフォード大学は、こうした教育を800年間行ってきました。一つの学校が30人もの首相を輩出できたのは、この基礎のおかげでしょう。


英国王立学会のモットーは「Nullius in Verba」。

「人の言葉を鵜呑みにするな」という意味のラテン語です。

学問が発展するためには、権威に疑いを持たなければなりません。

当たり前のように見えることも当たり前と考えない姿勢が、革新の種になります。


「教科書を信じるな」という言葉もあります。

教科書は、これまでの学術的な成果の一部を集めてまとめたものに過ぎません。

新しい学術的発見によって、内容が変わることもあります。もしかしたら今の子どもたちが、将来教科書を変えることもあるでしょう。


ノーベル賞受賞者の22%を占めるユダヤ人は、世界人口の0・2%しかいません。

この背景にはユダヤ人の「ハブルータ」学習法があると言われています。ハブルータはユダヤ人の伝統的な教育法で、年齢や性別に関係なく互いに論争しながら学んでいきます。

ユダヤ人の親や教師が最もよく子どもに言う言葉は、「マタホシェフ（あなたはどう思う?）」です。

**子どもが何か質問をしたとき、簡単な答えで切ってしまわず、子どもの考えをもう一度聞いてみるのです。**

批判の始まりは、好奇心です。

好奇心が疑問に、疑問が批判へと発展します。

子どもが本来持っている好奇心を、親が消してはいけません。

ずっと好奇心を持ち続けられるよう、サポートしてあげてください。

批判と質問は、創造性の核心です。

幼少期にいろいろな知識を早く、たくさん覚える能力はどんどん無用になっていきます。

子どもに必要なのは考え、質問し、話す力です。

子どもに質問を強要しなさいということではありません。

興味のあることに子どもを没頭させ、自由に観察させ、考えられるまで待ってあげてください。

子どもがゆっくりと、安心して成長できるような余裕を作ってあげましょう。

## 10歳前に問題集を解かせるのは危険

### 暗記式学習は脳の発達に悪影響

イギリスの子どもたちは、問題集を解きません。

10歳以下の子の宿題には赤ペンをなるべく入れず、スペルが間違っていてもいちいち直しません。

スペルや文法を矯正する代わりに、その子の考えや想像力を見るのです。

韓国の子どもたちの体には、問題集で学習する習慣が染みついています。

そのため「正解は一つ」という縛りにとらわれ、間違った答えの中にある隠れた革新の可能性を探る余裕がありません。

下の子のジェシーは、「コンピューターで簡単にミスを修正できるのに、どうしてわざわざスペルを覚えなければならないの?」とよく尋ねます。

私は親として、子どもを説得できる答えを見つけられていません。実際、スペルや文法を検証するプログラムは数限りなく存在します。

**スペルや文法を単純に暗記する必要がなくなった時代に、それらによって子どもたちの知的能力を測るのは不適切です。**

たしかに、暗記式教育の効果は劇的に表れます。

数度しか耳にしていない歌の歌詞や物語を、子どもがそのまま覚えてしまったりもします。

しかし、短期的な効果が表れたからといって子どもに暗記式教育を強要すると、脳の発達にネガティブな影響を及ぼしかねません。

脳の発達学によると、脳は使い方によって絶えず変化します。これを、脳の「神経可塑性《かそせい》」といいます。

**この神経可塑性は、脳が楽しく刺激されたときに極大化します。暗記のような受動的な反復は、脳を退屈させてしまいます。**

子どもの脳を効率よく刺激してくれるのは、想像力です。

子どもが本やデジタルメディアで情報に接した後は、これを消化するプロセス、つまり、自分だけの想像力を広げる時間がなければなりません。

イギリスの小学校には、「ショー・アンド・テル（show and tell）」の時間が毎日あります。

生徒たちはそこで新しい物や経験について話し、トピックをよりよく表現するために小道具を準備したりします。興味を深めていく絶好の機会です。

オックスフォード大学の美術学部で学長を務めている私の夫は、韓国の学生は技術ばかり追求していると言います。夫によると、美術は技術ではなく哲学です。たとえば、ポップアートの先駆者アンディ・ウォーホルは、作業室を工場になぞらえ、アートワーカーと呼ぶ作業者に作品を作らせることで、新しい美術分野であるポップアートを実践しました。

**今やすべての分野において、重要なのは技術よりアイデアです。**やや誇張して言うなら、アイデアが90%、技術は10%です。

新しいアイデアを具体化する力を今教えられなければ、子どもは実際に未来に必要なものを学習から得ることができなくなります。

アイデアは、短期的な訓練で出るものではありません。ゆっくり進める長期戦ととらえるべきです。

たとえば、数学的マインドとは、数学の問題をすらすら解く能力ではなく、数学的な論理力を生きる上で活用できる力です。

**問題集は数学的マインドではなく、数学問題解答能力を育てる教材です。**

そのため、問題集に慣れている子どもは、少しでも定型問題から外れると苦戦を強いられます。

問題を解く公式は、試験を受けるとやがて忘れられてしまいます。子どもの未来にとって重要なのは、「スキルラーニング」ではなく「マインドセッティング」なのです。

## 子どもを読書好きにするには

### ——読後考えたくなる1冊があればいい

前述の神経可塑性は、脳が新しい学習に反応して適応し、変化する能力です。日常生活で神経可塑性を最大にする活動は、読書です。

本を読んで新しいアイデアや概念に接することで、脳は新たな連結を作って情報に適応していきます。

ある研究によると、**読書は記憶力、集中力、問題解決能力の向上**によい影響を及ぼします。さらには、ストレスを軽減させたりもします。

ところで、読書とは何でしょうか？

少し前まで、私たちにとって紙の本は、情報を得るためのほぼ唯一の媒体でした。私が学生だった頃はわざわざ図書館に足を運び、必要な本を探して論文を書いていました。今のようにＡＩが論文を書けるようになるなど、想像もできませんでした。

現代を生きる子どもたちにとって、読書は情報を得るための数多くの手段の一つです。

単にあらすじや要旨を把握するだけの読書は、まず子どもたちの興味を引くことができません。

子どもを読書好きにするためには、本とコミュニケーションする楽しさを教えなければなりません。

必要なのは読書中に立ち止まって質問を投げ、自ら答えを探す時間です。

では、多読はよい戦略なのでしょうか？

オックスフォード大学で入学所長を務めた7年間、私は数多くの自己紹介書を読んできました。

たくさん本を読んだという学生にも数え切れないほど会いましたが、読んだ本に対する自分の考えが表現できない学生が多くいました。

一部の学生は、本をちゃんと読んでもいませんでした。

やがて私は、**やみくもにたくさん読むより、自分の人生に意味のある一冊の本や、感銘を受けて深く心に刻んだ一節の方が大切だ**ということがわかってきました。

私は子どもたちに、何冊も本を読むより、まず一冊の本を読み、考えを整理する時間を持たせています。

要約と整理はAIがしてくれます。

読書を足掛かりに、子どもたちはより大きな思考の領域に進んでくれるでしょう。

最近の子どもは、映像イメージで情報を習得します。

大人たちも同じですが、子どもたちの方がずっと慣れています。

メディアは情報を得る手段に過ぎず、「本」という様式だけにこだわる必要もありません。

**大切なのは、メディアを適切に活用して、多方面から知識を受け入れ、使用する力です。**

先日、オックスフォード大学の中央図書館であるボドリアン図書館で、「Sensational Books（驚くべき本）」という展示会が開かれました。

この展示会では、「読書」が伝統的な意味での「読む」行為だけでなく、あらゆる感覚を使う経験と解釈されていました。

私の娘たちは匂いを嗅げる本、食べられる本、聞ける本など、さまざまな種類の本を体験して楽しみました。本に対する固定観念を破ってくれる経験でした。

下の娘は漫画マニアですが、私はなぜ漫画なんか読むのかと責めることはしません。娘によると、漫画の本には絵もあるし字もあるし、何より面白いから最高なのだそうです。彼女は暇さえあれば、自分でも漫画を描いて友達を笑わせています。

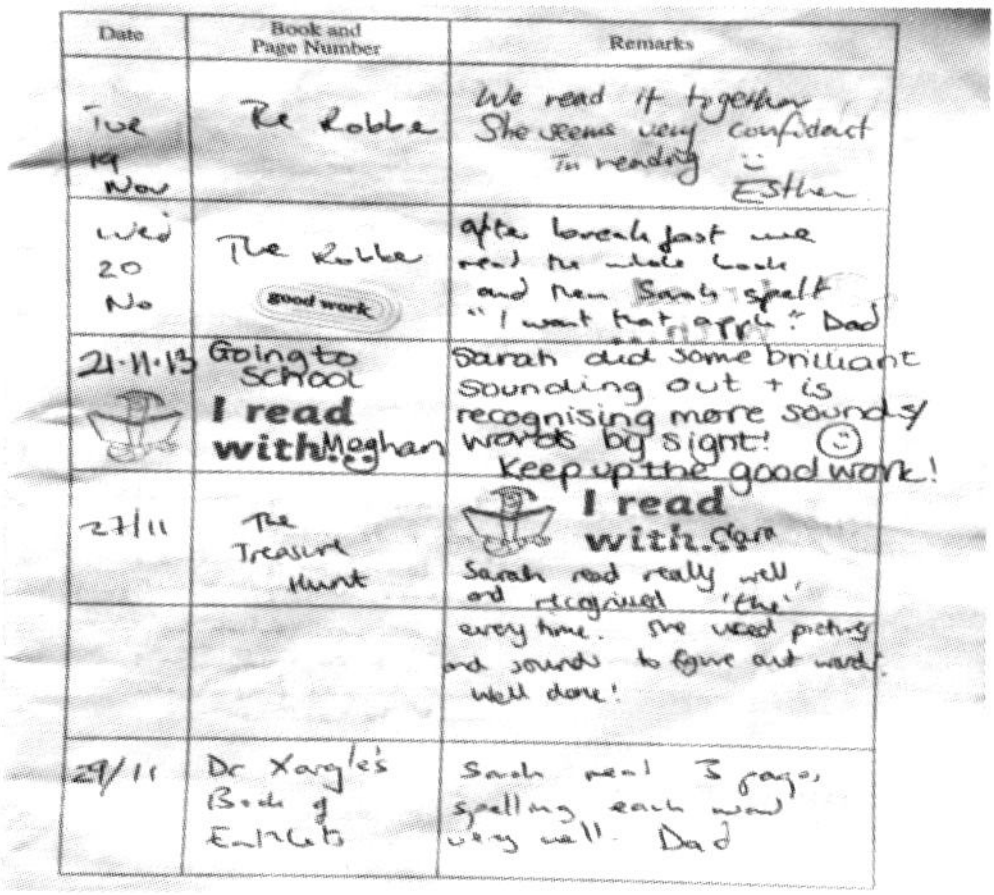

| Date | Book and Page Number | Remarks |
|---|---|---|
| Tue 19 Nov | The Robbe | We read it together She seems very confident in reading ☺ Esther |
| Wed 20 No | The Robbe good work | After breakfast we read the whole book and then Sarah spelt "I want that apple" Dad |
| 21.11.13 | Going to School I read with Meghan | Sarah did some brilliant sounding out + is recognising more sounds/words by sight! ☺ Keep up the good work! |
| 27/11 | The Treasure Hunt | I read with Sam Sarah read really well and recognised 'the' every time. She used pictures and sounds to figure out words! Well done! |
| 29/11 | Dr Xargle's Book of Earthlets | Sarah read 3 pages, spelling each word very well. Dad |

次女ジェシーが日付順に記入した読書記録

子どもたちにとって、本には序列がありません。ただ自分の好きな本を見つけるだけです。

イギリスでは、子どもも若者も本が好きです。

誕生日にはよく本をプレゼントします。

大人も本が大好きです。カフェに行っても電車に乗っても本を読む人を見かけますし、最近読んだ本、好きな本がしばしば話題にのぼります。

子どもが自然な日常として、読書を受け入れる環境が整っています。

本を読まない親が子どもに読書を強要しても、子どもは本を面白いと思えないでしょう。

もしも子どもにもっと本を読ませたいなら、自然な読書環境が醸成されているかどうか確認してみてください。

読書習慣をつけるために、前ページのような読書ノートや読書日記をつけてみてはいかがでしょう。

イギリスの学校には、子どもの日々の読書について教師と親が一言ずつコメントする「リーディングレコード」という教科があります。

ごく簡単なコメントですが、少しずつ増えていく読書記録を見て子どもは達成感を覚え、親も子どもの成長を確かめられます。

もう一度強調しますが、子どもが本を読んでいる間、あるいは読んだ後に、ぜひ考える時間を持たせてください。

そして大切なのは、それについて周りの人と話すことです。

子どもの読書環境のために親が何の本を読めばいいのか分からなければ、子どもと同じ本を読んでみるのもよい方法です。

本を読みながら思い浮かんだことを、一緒に話してみましょう。

読書は生活の一部だと、子どもは感じるようになるはずです。

## 読解力についてのまったく異なる視点

親世代と子ども世代は情報を受け取るメディアが違う

子どもの読解力に対する懸念の声が、多く聞かれます。

最近の子どもは本を読まないので、誤読してしまうことが心配されています。

しかし一方では、こんな気もします。

子どもだけが大人の言葉を理解できないのではなく、大人も子どもの言葉を理解できていないのではないかと。


今の子どもたちが成長したときの言語環境は、親世代の言語環境と大きく違っているでしょう。

言語は使用者の社会環境に応じ、流動的に変化します。同じ言葉でも時間的、空間的な脈絡によって意味が違ってきます。

親世代と子ども世代とでは、情報を受け取るメディアも異なります。子どもはデジタルメディアを通じて、世の中とコミュニケーションします。そのため、彼ら、彼女らが大人になった時点でのデジタルリテラシーは、親世代よりも優れているでしょう。

最近の小学生はVRで科学を勉強し、メタバースで友達と数学の概念を学びます。イメージ言語である絵文字、スタンプだけでも、友達とのやりとりに支障はありません。

ゲーム「Minecraft（マインクラフト）」は、世界中の子どもたちの間で大変な人気です。このゲームでユーザーは、自分だけの仮想世界で材料を収集し、家をデザインして建てることができます。

2016年にマイクロソフトが開発会社を買収した際、このゲームの教育的効果について「デジタル時代のレゴ」と強調しました。

子どもたちは仮想空間で自在に建物を建て、友達と交流します。

親世代は仮想の３Ｄ空間をデザインすることに慣れていませんが、子どもたちにはたやすいことです。

先日ロンドンで開催された、世界最大の教育テクノロジー展示会ＢＥＴＴ（British Educational Training and Technology）では、さまざまなプログラミング教材が紹介されました。

小学生、中学生とみられる子どもたちも見学に来ていましたが、使い方の説明を受けなくても、みな記号と絵だけで自然にプログラミングを試みていました。

私が小学校2年生のとき、「チョーク」を表す単語を50個探してくるという宿題が出ました。白い、長い、粉、黒板など50個もの単語を考えるうちに、自然に語彙が増えていきました。

今の子どもに同じ課題を出したらどうなるでしょう。

まず、電子黒板に慣れている子どもたちにとってチョークは、親世代のチョークとは違うはずです。

課題を見ると同時に、タブレットやノートパソコンなどの電子機器を取り出すかもしれません。

そして、親世代が予想もできなかった意外な答えを出すでしょう。

絵、写真、映像、音など、さまざまな形の記号言語や外来語が使われるかもしれません。

**自分の世代の言語と同じように子どもの言語に向き合えば、親は子どもの言語を理解し、より円滑に子どもとコミュニケーションがとれるようになるでしょう。**

さらに子どもを通じて、新しい世代の感覚を学ぶこともできます。

フランスの哲学者ジャック・ランシエールが述べたように、教師と生徒、親と子の関係は一方的に教え、学ぶ関係ではなく、共に学び共生する関係なのです。

# わが子は未来の人材か？

## なぜ、ただの秀才は落とされるのか

### 100冊の本より1冊の本、さまざまな受賞歴より一つの関心事を掘り下げる思考の深さ

毎年、オックスフォード大学入試の選考面接で、優秀な学生たちに会います。

この14年間、12月の第1週に面接を行い、7年間は東洋学部全体の入学所長も務めました。自己紹介書も数えきれないほど読んでいます。

私立学校の学生たちは、いかにもコーチングを受けたようなきちんとした文章を提出し、面接官の質問を聞くや否や、何度もリハーサルしたような答えを「立て板に水」のように話したりします。

しかし、**面接官の10人に9人は、このような学生を好みません。**

この世の中に読んでいない本などない、と言わんばかりの学生もいます。

中には、私が書いた本を読んだかのように言う学生もいました。

けれどもいくつか質問してみると、実際には数ページめくっただけだとすぐにわかってしまいます。


数々の受賞歴を持つ、いわゆるハイスペックな志願者にもたくさん会いました。

しかし、**オックスフォードの教授らは、派手なスペックには興味がありません。**

**100冊の本より1冊の本、多様な経験や受賞履歴より一つの関心事を掘り下げる考えの深さに興味を示します。**

特定の領域への燃えるような情熱を示す、少数の人材を探すのです。


ある年、入試面接でトミーという学生に会いました。

なぜオックスフォードで学びたいのか尋ねると、トミーは「お金持ちになりたいから」と答えました。こんな返事をする学生はほぼいません。

でも、トミーはとても堂々と自分の話をしました。

家族の中で大学に行った者はいないけれど、勉強して父の営む整備工場をもっとうまく経営し、金持ちになりたいのです、と。

自分の望みを正直に、胸を張って表明しました。

面接官たちはそんなトミーに、イートン・カレッジなどの名門校で仕込んだ答弁をした学生よりも高い点数を与えました。

トミーはオックスフォードを優れた成績で卒業し、今はビジネス経営を成功させています。

面接のときのように、たくましく堂々と、幸せになっています。

彼は、いわゆる変わり者の学生でした。

**オックスフォードは、自分自身を率直に表現できる、度胸のある人を待っています。**

**未来の大学、未来の社会が求める人材は、そういう人々だからです。**

**オックスフォード大学は、これまで成し遂げたことよりも、将来の可能性を重く考えます。**

**よい環境でよい教育を受けた秀才より、厳しい環境の中で格別な恩恵は受けずとも、**

## うまく育てれば大木になりうる、隠れた原石のような人材を発掘しようとするのです。

オックスフォードに志願するためには、普通「Aレベル」と呼ばれるイギリスの学力試験で3教科Aを取らなければならないとされていますが、ときには点数が少し足りない志願者も来ます。

オックスフォードはこのような学生たちを合格させるケースも珍しくなく、家庭の事情が苦しい学生たちには全額奨学金を提供します。

そうして奨学金を受けて勉強した学生たちは、成功したのちに学校に寄付し、過去の自分と似た境遇の後輩たちを奨学金で応援します。

韓国の学生は、多くの資格を取ることに夢中です。

それで自分の能力を証明できるかのように、試験や大会などで客観的な数値と成果を出すことに尽力します。

こうした資格文化は、幼少期から始まります。

ピアノはチェルニーの何番、テコンドーは黒帯、英語の点数は何点、などの基準が制定され、少なくともこれだけはやっておかなければというプレッシャーがかけられます。

プレッシャーは、創造力の伸びる余地を奪っていきます。

各種の資格やテストの点数が、本人の実際の能力を正しく示しているとは言えません。

**資格を取るための知識は、興味の対象への情熱や、豊かな経験の蓄積によって自分のものにした知識には勝てない**のです。

子どもが心から打ち込める対象を見つけ、それに向かう窓口を広げてあげてください。

ある瞬間から、子どもは魔法のように、誰にも真似できない本当の「力量」を備えることになるでしょう。

## 独走する1位が淘汰される未来

### 優秀な一人より、感性と共感でチームで問題解決できる人

私が他の人よりかなたを見渡せたのだとしたら、それは巨人の肩の上に立っていたからです（If I have seen further, it is by standing on the shoulders of giants）。

アイザック・ニュートンが1675年の手紙に書いたこの一節は、どんなに偉大な成果であっても、それは個人だけの業績とは言えないという事実を意味します。

ニュートンの場合、先輩科学者らの研究の積み重ねがありました。

理論物理学者のスティーブン・ホーキングも、2017年に博士論文を一般に公開した際、この一節を引用して次のように語っています。

「どの世代も、その前の世代の肩の上に立っています。私がケンブリッジで博士課程の学生だったとき、アイザック・ニュートン、ジェームズ・クラーク・マクスウェル、アルバート・アインシュタインの研究からインスピレーションを受けたように」

ノーベル博物館では、ノーベル賞受賞者の核心的な力量を「創造力」と定義しています。

さらに、その創造性が発揮されるためには、他の人とコミュニケーションをとり、協業する能力が必要であると強調します。

協業なくして革新はなく、いかに優れたアイデアを持った賢い人物でも、人と疎通できなければ成功しがたいということです。

今の教育界の話題の中心は、以前のような効率性ではなく、感性と共感です。今や世界の問題は、一人の優れた個人が解決するには複雑になりすぎて、チーム単位でアプローチしなくては成果が出せなくなっています。

感性と共感を介したコミュニケーションと協力、調和の価値はこれまでになく高まっています。

これは上下関係に縛られることなく、互いの役割を尊重し、水平的な関係を結ぶことができる能力とも言えます。

私は委員として、教授任用審査委員会にしばしば参加します。応募者は概して優秀で、似たようなスペックを持っています。論文数も同じくらいです。

この場合、履歴書に書かれた客観的な条件より、結局はその人が一緒に働くのに適した人かどうかを重視します。

人の言葉に耳を傾けてコミュニケーションがとれ、融通性を備えていることが肝心で、責任感と思いやりがあれば完璧です。研究はチームプレーだからです。

連携すれば規模が拡大し、規模は経済性を創出します。

今後到来する第四次産業革命の時代には、これまで不可侵だった現実と仮想の境界が破られ、連携規模の拡大が実現します。

とはいえ結局、連携の中で主体として活動するのは個人です。

もし今、協業する習慣と能力を育てられなければ、おそらく子どもはすべてがつながった未来環境の中で、一人で困難に立ち向かうことになるでしょう。

# AIで学習効果を極大化せよ

# AIネイティブを理解しよう

## AIをうまく使えるように子どもを教育する

新型コロナウイルスによって対面授業が中止になり、下の娘のジェシーはほぼ2年間、授業の3分の1をオンラインで受講しました。

ジェシーにとってインターネットは日常です。幼いときから、パソコンとiPadを自在に扱い、文章を書けなかった頃は絵文字を使いました。

最近は、メタバースのプラットフォームであるロブロックスで、友達とゲームをして遊んでいます。

また、彼女は幼い頃から、スペルの自動修正機能になじんでいます。

彼女や彼女の友人たちは、海外にいる祖父母や親戚とオンラインで頻繁にやりとりします。

**子どもたちの暮らしはどんな形であれ、AIが基盤となったデジタル空間とつながっています。**

「デジタルネイティブ」という言葉は、２００１年にマーク・プレンスキーが作った呼称です。

「Digital Natives, Digital Immigrants」という論文の中で、プレンスキーはデジタルネイティブを「コンピューター、携帯電話、その他デジタル機器に囲まれて育った若者」と定義しました。

もちろんその後、さまざまなデジタル機器の登場と技術発展で、デジタル環境は劇的に変化しています。

このような変化を強調するため、私は「AIネイティブ」という用語を使おうと思います。

Z世代（１９９７〜２０１０年生まれ）、アルファ世代（２０１０年以降生まれ）、そして未来世代はすべて「ＡＩネイティブ」です。

この世代にとってＡＩは友人であり、ＶＲは遊び場です。

言語学習はもちろん、プログラミングや文章作成でも大きな役割を果たします。

いくつかの国では、チャットGPTを禁止する法律が作られました。

これに対し産業界は、時代の変化に逆行する措置であると憂慮を示しています。

**私たちが苦慮すべきなのは、AIの使用を許可するかどうかではありません。AIをきちんと使うために、未来世代をどう教育していくかです。**

具体的には、AIの助けは借りつつも、全面的に依存せずに課題を完成させる方法や、しばしばAIが示す非倫理的な回答を、批判的に受け入れる方法といったことです。


近年、AIネイティブの教育に携わるにつれ、私が教えることはあまりないという事実を痛感します。生徒たちの方が、私よりAIにくわしいからです。

Z世代やアルファ世代は、デジタル空間に慣れ親しんでいます。彼らにとってAIのスキルは、人生で絶対に必要な能力です。

AIを存分に活用してこそ、生産的に生きていくことができるのです。

# ＡＩが創造力を殺すのが心配なら

## チャットＧＰＴと一緒に学ぶ

ＡＩ時代に、教育や学業評価はどうなっていくのでしょうか？
今後、教育のパラダイムは大きな変化を迎えます。世の中の懸念をよそに、**ＡＩ時代は教育の危機ではなく、新たなチャンスをもたらす**でしょう。

ＡＩネイティブの子どもたちは、水中の魚のようにデジタル世界に適応して生きています。

一方、私がデジタル機器に接したのは20代後半になってからです。

よりよく未来に備えるため、よりよく子どもを教育するために、親世代は新しい世代を理解しようと努め、そして子どもがＡＩ時代を生き抜く方法を考えなければなりません。

ＡＩの発展は、伝統的な教育に終末をもたらすでしょう。

親として、私はわが子がどんな新しい世界を生きていくのか気になりますし、楽しみでもあります。

AI時代には、AIと人間のあいだに適切な分業構造が形成されます。

教育界の観点から、これは「知識の暗記」と「知識の適用」が分離されることを意味します。

人間の役目は、知識の適用です。

子どもには**暗記ではなく、すでに与えられた知識とデータを活用して問題を洞察する方法**を教える必要があります。

過去には、情報の習得と所有が成功の鍵と考えられていました。

しかし今や、私たちにとって重要なのは、創造的に、戦略的に考える能力です。

AIワークショップで一人の学生が、AIのせいで若い世代が怠け者になり、受動的になっていくかもしれないとの懸念を示しました。

人々が創造的な作品を生産せず、消費するだけになる可能性もあるということです。

状況によってＡＩは人間の創造力に力を与えることも、力を失わせることもあるでしょう。

アルファ世代は、仮想の動物を実在するペットのように世話し、メタバースで数学をゲームのように勉強します。

韓国に住む小学生の甥は、ＶＲでモンシロチョウを育て、成長過程を観察しているそうです。

ＡＩと人間の思考の違いをテストするため、娘のジェシーに「ＡＩと暮らす日常」というテーマで絵を描いてもらいました（次ページの図①②）。

まずジェシーが描いたのは、宿題のシーンです（図①）。

ジェシーが一人で問題を解き、答えを間違えます。しかしその後、ロボットの助けを借りて正解すると、先生が親指を立ててほめてくれます。

次にジェシーは、ロボットの友達と一緒にお菓子をこっそり探し出して食べる絵も描きました（図②）。

①

ジェシーがロボットと宿題をする絵

②

ロボットと一緒にお菓子をこっそり食べる絵

③

AIが描いた「AIと暮らす日常」

母親（私）にばれて叱られると、ジェシーとロボットはお菓子を棚に戻します。するとジェシーにビスケットを、ロボットには油をあげます。

ジェシーの絵を見た後、私はオープンＡＩが開発したDALL-E2に「ロボットと人間が調和して暮らす様子」というプロンプトを入力しました。

するとＡＩは、２体のロボットが踊り、会話する姿を描き出しました（図③）。

ジェシーの絵に比べ、ＡＩの絵は見るからに単調で制限的です。

もしもDALL-E2に「子犬の画像を見せてくれるロボットと一緒に丘に座っている子ども」などと要請したら、ジェシーのような絵を描いたかもしれませんが、その場合その創造性はＡＩの絵ではなく、私のプロンプト側にあったはずです。

ジェシーになぜこの絵を描いたのか尋ねると、「ただ描きたかったから」と答えました。

ＡＩにはこのような直観がありません。

**ＡＩを適切に活用するためには、まずユーザーとなる子どもたちが創造性を発揮しなければならない**のです。

子どもの学習経験は、本で勉強した過去の世代とは明らかに変わりつつあります。「読む」という伝統的な学習行動の座は、「見る」に取って代わられるかもしれません。

親がＡＩ教育時代に合わせて子どもを教えることは、さして難しくありません。まずはチャットＧＰＴを使って、作文をしてはいかがでしょう。

たとえば、春というテーマでチャットＧＰＴと子どもが一緒に文章を作るのです。文章ではなく質問を作ってもいいですし、お話や簡単なルールのゲームを作ることも、子どもの創造性を刺激してくれます。

**このとき親は、子どもとチャットＧＰＴを比較せず、子どものやったことを褒め、チャットＧＰＴの答えを、子どもと一緒に好奇心あふれる態度で確認してください。**

**こうしてチャットＧＰＴと遊びながら、自然に学習成果は極大化していきます。**

## デジタル中毒の解決方法

### ——2～5歳の動画視聴は1時間まで

韓国と同じように、イギリスの親も子どもがYouTubeやゲームに長時間さらされることに否定的です。私も同じです。

ですが、**親が子どもと一緒の時間を持とうとしないまま、あるいはもっと面白い代案を提示せずに、ただ子どもを責め立てるだけではこの問題は解決しません。**

イギリスの親は、どうすれば子どもと一緒に「楽しい時間」を過ごせるか懸命に考えます。そのため、子どもはYouTubeやゲームにあまりハマりません。

韓国では、外食先などで幼児にスマートフォンやタブレットを持たせる光景をよく見かけます。

こうした光景を、イギリス人の夫はとても不可解だと言います。私もイギリスでは、まだそんな光景を見たことがありません。

韓国の親は、レストランで泣いたり走ったりして落ち着きのない子どもをスマホの前にはりつけておくことで、食事の時間を確保しています。

子どもがさわぐのはイギリスも同じなのに、なぜイギリスの親は同じ方法を使わないのでしょうか？

米国小児科学会は、18カ月前の子には、映像を見せないことを勧告しています。

また、18～24カ月の幼児には、家族や友達との映像通話以外の画面は見せないよう勧めています。

さらに2歳から5歳までは、1日のスクリーンタイムを最大1時間に制限します。

このスクリーンタイムとはテレビ、コンピューターなど、すべてのデジタルメディアの画面視聴時間の合計です。

また、見せるコンテンツは良質のものを厳選しなければなりません。

最も重要な点は、幼児期に映像を見せるときは、母親や父親、保護者と一緒に視聴することです。

もちろんこれらは勧告事項であり、子どもの発達程度によっても個人差があるでしょう。

親は、映像視聴が子どもの身体活動や遊び、睡眠、社会的な交流などに悪影響を及ぼしていないか、常に気を配る必要があります。

脳が盛んに成長する時期にデジタルメディアに長く接しすぎると、脳の発達や人格形成によくない影響を及ぼします。

メディアを視聴するとき、脳は通常、後頭葉のみが活性化され、派手なコンテンツを受け入れる活動だけに集中します。

そのため、脳全体を管掌する前頭葉の成長が鈍りやすくなるのです。

**前頭葉は、思考、感情のコントロール、計画性、意思決定などに関与するため、ここに問題が生じると、徐々に集中力と注意力が低下していきます。**

では、健康的に子どもに映像を視聴させることはできないのでしょうか？

そのためにまずは、親が子どものよい手本になりましょう。

家庭内で、映像をまったく見ない時間や場所を決めておくのも、一つの方法です。

わが家の場合、玄関に入ったときに全員が下駄箱の上にスマホを置きます。家族の会話を大切にするためです。

たしかに、仕事を終えた後で、子どもとの時間を持つのは体力的にきついことです。けれども子どもには、親と顔を合わせて話す時間が必要です。

1日のうち、子どもと共有する時間が長くなればなるほど、デジタルメディアによって生じたコミュニケーションギャップを縮めることができます。

通常、10歳以下の子どもはよくしゃべります。

幼稚園で起きたこと、学校で起きたことを、お母さん、お父さんにすべて話したいと思っています。

その時間を親がうまく作ることができれば、子どもがテレビやゲームに没頭する時間も自然に減っていくでしょう。

一方、映像やゲームを親子で楽しむことも必要です。

韓国の親の多くは、ゲームを勉強の敵と考えているようです。敵がゲームなら、ゲームを知らなければなりません。

下の子は最近、友達とロブロックスやマインクラフトを楽しんでいます。

これらのゲームについて尋ねると、とても楽しそうに仮想世界での経験を話してくれます。

私たち夫婦は、テレビを観る時間そのものをテーマに子どもたちと話し合います。テレビを観ることの何がよくて、何が悪いかということです。

時間を決めて、みんなで一緒にテレビを観ます。同じようにゲームも楽しみます。一緒にゲームをして、ゲームの経験を共有するのです。

**子どもがハマる映像やゲームがどんなものなのかわからないまま、むやみに叱って禁止すると、子どもとの関係はどんどん悪化します。**

子どもの関心事に耳を傾けましょう。

ゲームは、親子間のコミュニケーションの場になってくれます。

そうして両親と話が通じると感じて初めて、デジタルメディア使用に対する親の指導を受け入れる準備が整います。

## 今すぐ子どもと一緒に 未来感覚UP！

### ○子どもが興味を示したことで、長期プロジェクトを始めよう

たとえば、娘は1カ月かけてアマゾンの森林の模型を作りました。

### ○平均や順位にこだわらないで

AI時代に求められるのは平均的な能力ではなく、一つの分野への洞察力です。不得手なことを補うより、子どもが上手で好きなことに集中させてあげましょう。

### ○本は量より質

1冊でもいいですし、漫画でもかまいません。読書の後、親子で考えて話す時間を持ちましょう。

### ○「ショー・アンド・テル」遊びをしてみよう

好きなおもちゃや本を、子どもに自分で紹介してもらいます。興味を持ってたくさん質問してください。子どもは嬉しくなって熱心に説明するでしょう。

### ○スケッチブックを持って、博物館や美術館に行こう

素敵な美術作品、興味深い所蔵品など関心のある作品をじっくり観察し、スケッチブックに自由に描かせます。親も一緒に描くとなおよいでしょう。

### ○ときには子どもと一緒にゲームをしよう

ゲームについて話し合い、共感してください。

### ○食事の時間は、スマートフォンを必ずしまう

子どもと目を合わせ、味はどうか、どんな1日を過ごしたのか話しましょう。

# 4章

# コミュニケーション感覚

人と交流して学ばせよ

アフタヌーンティーは、他の国なら仕事の真っ最中である、午後3時ごろに行われます。ポットにお湯をわかしてボウルにお菓子を盛ると、一人二人とテーブルに人が集まってきます。

仕事の効率が落ちるように感じるかもしれませんが、アフタヌーンティーの神髄はコミュニケーション。互いの様子を尋ねて親睦を深め、友情、家族愛、同僚との絆を確かめます。爽快な気持ちで午後を再スタートする秘訣です。

子どもは何かと不器用です。
まだ学んで日が浅いので、苦手にならざるをえません。
私は中学2年で初めて方程式を習い、数学は面白いけれどとても難しいと思いました。
ところがその難しかった方程式が、高校に入ると何ともなくなっていました。
私たちは皆、こうした経験を繰り返しながら成長していきます。

イギリスの親は、子どもが下手だったり遅かったりすることに寛大です。
子どもをせかしません。
また、「私があなたくらいだったときは」といった比較をほぼしません。
イギリスには、自分と子どもを比べる文化がないためです。
子どもは子ども、親は親です。
「あなたのため」という無謀なことも口にしません。
この言葉には問題があります。

子どもに競争を強要しようとする親の意図が、子どものための行為に変換されているからです。

最近は、両親が少しでも残業代を受け取って、子どもを塾に通わせようとしています。

韓国社会は知らず知らずのうちに、親（特に母親）が、子どもの教育のために犠牲になるべきだというメッセージを発しているように見えます。母親が自らの人生を犠牲にして子どもを統制すると、子どももまた自分の人生での居場所を失います。

私はオックスフォード大学の入試面接官をしているため、学期ごとのオープンキャンパスで話す機会があります。

興味深いのは、ほとんどの学生がオープンキャンパスに一人で来ることです。

韓国では、大学入試説明会に保護者の人だかりができます。

保護者は入試の専門家になり、子どもは親に引きずられるように入試を受けます。

さらに、子どもが大学生になってからも大学の講義について話し合い、受講の申請に関与する親もいます。

このような子が自立心を持ち、自分の人生に全責任を負うことができるでしょうか？

「子どものために」両親がすべてをしてあげることは、決して子どものためになりません。

幼い頃から過度に「スペック」に執着する文化にも、問題があります。

幼少期から性格ではなく能力を重視する社会は、子どもたちにあわただしい歯車のような生活を強要します。

私がオックスフォードで会った人々の中には、ジグムント・フロイトを曾祖父に持つ学生、レフ・トルストイの曾孫、ノーベル生理学賞を受賞したベルンハルト・カッツ博士の息子ジョナサン・カッツ博士、フランス構造主義の先駆者で現代言語学の父フェルディナンド・ソシュールの曾孫などがいました。

私が出会ったこれらの人々は皆、人生に自信を持っていましたが、うぬぼれや傲慢とは程遠い人たちでした。

伝統を重んじる学風のオックスフォードは、卒業式はいまでもラテン語で行われます。私は卒業式の主管もしているため、ラテン語を使わなければなりませんでした。大学時代に習ったきりほぼ忘れてしまっていた私にラテン語を教えてくれたのは、ジョナサン・カッツ博士です。

彼はオックスフォード大学のすべての公式ラテン語行事を担当する一方、世界的に有名なピアニストでもあります。

韓国式に言うなら、「近づきがたいスペックの所有者」でしょう。

けれども博士は私の下の娘といたずらをして遊ぶ、愉快で謙虚な方です。

オックスフォードで出会った謙虚で愉快な人々の背景を知るにつれ、こうした性格形成には家風の影響が大きいことがわかってきました。

ジョナサン・カッツ博士やフロイトの曾孫に家庭の様子を聞くと、幼い頃から興味のあることが自由にできて、そのつど励まされる雰囲気だったといいます。

また、自分の好きなことを応援してくれた、親や家族の役割が大きかったそうです。

子どもの人格形成は、関心事に対する親の尊重から始まります。

「Sharing is caring（分かちあいは愛である）」

という言葉のように、最も確かな愛の表現は「共にすること」なのです。

# 対話がなければ学びもない

## 話を遮らないで

――子どもは大人の会話に参加することでコミュニケーションを観察する

韓国の子どもたちは、大人とまともに意見の交換ができないようです。敬語がコミュニケーションの壁になることや、子どもが自分の考えを口にしにくい年齢序列文化のせいもあるでしょう。

「大人の話に割り込んではだめ。静かにしていなさい」と叱られて、子どもは大人の会話には口をはさまず、静かに聞くことが美徳であると学習します。

しかし、こうして自分の言葉が無視される経験が続くと、必要な状況になっても話せなくなる恐れがあります。

**子どもの言うことすべてに、同意する必要はありません。**
**ただ、子どもの話は終わりまできちんと聞いてあげなければなりません。**
**一言二言聞いただけで、「だめ」と答えるような反応は特に危険です。**

「だめ」と言いたくても、まず最後まで聞いてから、子どもが理解できるようゆっくり話してあげると、子どもは尊重されていると感じます。

無理して、子どもの望みを何もかもきいてやることはありません。状況をよく説明し、待つことが必要なら待たせることこそ、親の役割です。子どもの心に傷を残すか、成長のための養分を与えるかは、こうした態度にかかっています。

子どもの成長にとって、大人と楽しく会話する時間は絶対に必要です。

**大切なのは、親が子どもの言葉にフィードバックするのと同じように、子どもも親の言葉にフィードバックできる環境です。**

親と会話する時間が好きになれば、子どもは他の大人とも恐れずに話せるようになるでしょう。

そして会話する楽しさ、コミュニケーションの楽しさ、共感する楽しさを知っていくはずです。

社交性、つまり臆せず人と会って話せる能力は誰にとっても大変有用です。

どこへ行っても愛される人々がいます。

彼らは、自分が関心を持った人に自信を持って近づくことができ、相手はそんな彼らに好意と関心をよせます。

そんな人のそばには、人々が集まってきます。「一緒にいたい人」になることは、あらゆる関係において大きなメリットです。

**大人の会話に参加し、大人たちのコミュニケーション方法を観察しながら、子どもは世の中を見る視野を広げていきます。**

年齢の壁を崩すことができれば、子どもの世界は親が考える以上に広がります。

オックスフォードの学生の一人は中学生のとき、仲のよい塾の先生と、人生について話すことが楽しかったそうです。

先生は塾の規模を大きくして大変だったこと、塾を通じて成し遂げたい目標について話しました。

先生の夢や悩みに深く接したおかげで、想像もしなかった人生の領域を知り、自分の未来を描くようになったといいます。


「老害」という言葉に象徴されるような世代間の軋轢《あつれき》は、コミュニケーションの不在から生じます。

社会人になれば、会社で1日を共に過ごす人たちは、ほとんど自分より年上です。

しかし多くの若者は、異なる年代とのコミュニケーションの仕方がわかりません。

若者に対する大人たちも同じです。


あるとき、道でオックスフォード大学の総長を見かけました。

総長は、自転車に乗ってミーティングに行く途中でした。

彼は決して偉ぶらず、学生たちも権威に対して過度な反応をしません。

イギリスの学生は、相手が教授であれ、総長であれ、首相であれ、自分の言うべきことは必ず言います。

数年前、私は外国語不安について研究しました。
韓国の子どもたちの外国語不安は、世界的に最も深刻なレベルでした。
これは、英語が上手な大人、同僚、先生、外国人の権威を意識した結果でもあります。

**年齢や権威を恐れず、自信を持てるよう子どもたちを教育するには、家庭での親の役割が大切です。**

お互いを尊重する気持ちと礼儀さえ備えていれば、子どもは「年齢」という観念から自由になれるのです。

**会話の楽しさを知った社交的な子どもは、効率的に、かつ深く学びます。誰かから学んだことを簡潔に表現し、また、知りたいことを気軽に質問するからです。**

一方、会話が苦手な子どもは、誰かが教えてくれた以上に深く学ぶチャンスを逃すでしょう。

対話能力は、勉強のために必ず育てたい資質です。

## 断れる子が賢く育つ

### ――丁寧に断る技術は自分を守る

いくらＡＩが発達しても、子どもは対話なしに言語を学ぶことはできません。むしろ、子どもの言語習得は対話がすべてといっても過言ではないのです。

子どもが自分の考えをきちんと表現できるよう、その話に耳を傾ける姿勢は、子どもを健康に賢く育てるための基本です。

十分に会話していると思っても、振り返れば「ご飯を食べなさい」、「手を洗いなさい」、「早く寝なさい」といった、一方的に命令したり指示したりする表現ばかりだったりします。

こうした言葉は、コミュニケーション言語とは言えません。

私は子どもの頃、つねに「イエス」と答える模範生でした。「ノー」という拒絶の意思表示は、悪いことだと感じていました。断ったらきっと友達にいじめられる、大人に叱られると思っていたのです。

しかし振り返ってみると、丁寧に断る行為こそ、自分のテリトリーとアイデンティティを他人から守るための、人生の技術だったと思います。

子どもは親に尊重され、対話しながら断る方法を学びます。

子どもが、いつでも自分の考えをはっきりと正確に話せるようにしてあげましょう。

イギリスに留学したての頃、私は指導教授が雲の上の人に見え、気安く接することができませんでした。

言いたいことがあっても口にできずにいる私の様子を見て、教授は自分のことを気楽に名前で呼ぶように言ってくれました。

指導教授をなれなれしく名前で呼ぶことにためらいもありましたが、私は教授の助けで少しずつ恐怖を克服して、討論し、勇敢に意見を言えるようになれました。

それが望ましく、よい行動だということを学んだのです。

**質問は相手を攻撃するための道具ではなく、共に問題解決の方法を探るプロセスであることも知りました。**

この考え方を、イギリス人のように幼い頃から身につけられなかったため、私は質問や討論に対する抵抗感をなくすまで4、5年かかりました。

子どもが臆せず質問し、討論できるようになるために、親は何をすればよいでしょうか？

家族で食卓を囲む時間は、会話のための時間です。夕食のときは特にそうです。

わが家では、子どもたちがその日にあったことをあれこれ話し、私たち夫婦はそれを熱心に聞きます。

私たちの話に子どもが「ノー」と言ったときは、「あなたに何がわかるのか」と切り捨てず、なぜそう思うのかと尋ねます。

すると子どもは自然に頭の中で、自分の意見を論理的に伝える道を探る練習をします。


当然のことながら、親も子どもの前で絶えず間違いを犯し、失敗もします。

ただ、子どもたちは経験不足で、それに簡単に気付かないだけです。

そのような状況になったときは、とりつくろわず一緒に答えを探してみてください。

自分が家族から尊重されていることを、子どもは心で感じるでしょう。


親が子どもの前で過ちを犯したあと、どういう行動をとるか？

それが、子どもの情緒発達に大きな影響を及ぼします。


イギリスの子どもたちがよく使う言葉があります。

「Zip it. Lock it. Put it in your pocket」

「怒りそうになったら口を閉じ、感情や言葉をポケットに入れてしまえ」という意味です。

子どもを害する言葉が口から出てきそうになったら、この言葉を呪文のように唱えましょう。

そして、もし子どもを抑圧するようなことや感情的なことを言ってしまったら、決してはぐらかしたりせず、その場ではっきりと謝りましょう。

幼少期における親とのコミュニケーションは、思春期にまで大きな影響を及ぼします。

長女のサラは、夫と大の仲よしです。学校の友達とのことから秘密の悩みまで、あらゆることを父親に話します。

こうした会話は、幼児の頃から続いてきたものです。

会話を通じて両親から尊重され続けてきた子どもは、思春期になっても親とコミュニケーションを続けていきます。

会話こそ真の勉強です。

対話し討論する習慣は1日では作れませんが、今日の食卓からすぐに始めることができます。

韓国の労働環境や育児環境を見れば、家族そろった食事の時間を持つのがどんなに難しいかはわかります。

ですが、和やかな家庭と子どもの未来のために、１日のうち少なくとも１時間、親に尊重されて話をする時間を、子どもに過ごさせてあげてください。

そうすればきっと、子どもはスマートフォンで遊ぶのと同じくらい、話す時間が好きになるでしょう。

今日から時間を投資しましょう。

豪華な献立でなくても、おかずがレトルトでもかまいません。子どもは気にしないでしょう。

夕食を作る手間を省いても、子どもと話す環境を作ってください。

その日のおかずを覚えていなくても、子どもは親と交わした大切な会話を宝物のように抱いて育つはずです。

# 子どもを生かす言葉、殺す言葉

言葉で希望を与えた二つの事例

●事例1

アップルの創業者スティーブ・ジョブズは、複雑な幼少時代を過ごしました。

未婚だった両親の事情により、生まれてすぐ養子に出されたのです。

ある日友人から、実の親に望まれなかった捨て子と言われ、泣きながら走って帰ったことがありました。

そのとき養父母は彼を真剣に見つめながら、「私たちはあなたを特別に選んだ」と言いました。

何度もゆっくり、一つひとつの単語に力をこめて。

そのおかげでスティーブ・ジョブズは、いつも自分が特別な人間だと思っていたといいます。

## ●事例2

オー・ヘンリーの短編「最後の一葉」で、画家志望のジョンジーは重い肺炎を患ってしまいます。

彼女は窓の向こうのレンガ塀を這う、枯れかけた蔦の葉を数えて「あの葉がすべて落ちたら、自分も死ぬ」と思い込みます。

この言葉を伝え聞いた隣人のベアマンは、夜中にこっそりレンガ塀に葉を描きました。

一晩中激しい風雨が吹き荒れ、翌朝ジョンジーは最後の葉が落ちたと思って窓の外を見ます。

ところが最後の一枚となった葉は、壁にとどまっていました。それはベアマンの描いた葉でしたが、それを見たジョンジーは生きる気力を取り戻して病気を克服していきます。

希望は、人を生かすことができます。

何気ない一言が、誰かの心に希望の火を灯すことも、逆に絶望の中に連れて行くこともあるのです。

特に子どもは、親の言葉を敏感に受け止めます。

あなたは子どもに、毎日、希望を吹き込んでいますか？


アメリカの詩人ヘンリー・ワズワース・ロングフェローは、こんな言葉を残しました。

「上着の綻びはすぐ繕える。しかし、きつい言葉は子どもの心を傷つける（A torn jacket is soon mended; but hard words bruise the heart of a child）」

避けるべきは子どもをけなしたり見下したり、他人と比較したりするような言葉です。

とりわけ、**世の中で最も大きな存在である親が放った言葉は、鋭く速い矢のように心に深く刺さります。**


先日、下の子が私に手紙をくれました。ですが、それは誤字だらけでした。

ここで私には、二つの選択肢があります。

一つ目は「ありがとう。でもこの綴りは何？　間違いだらけだよ」。

二つ目は「ありがとう、本当にうれしい」。

あらゆる状況を考慮して、もちろん望ましいのは後者です。

子どもに多くを期待する親なら、失敗が目についたとき指摘しないのは苦しいことでしょう。

しかし、後者のような答えが子どもの内面に蓄積されれば、親との安定的な関係、さらには学習のための安定的な情緒を形成することになります。

## 転んだときこそ褒める

### ——本当に褒め言葉が必要なのは失敗したとき

教育において、褒めることの重要性は長い間強調されてきました。

しかし近年は、**過度な称賛に注意せよ**との声も出ています。

褒めすぎることが子どもをうぬぼれさせ、また、よい評価を受けなければならないというプレッシャーを与えるからです。

一方、激励のために称賛することには異論はあまりないようです。うまくできたときに褒めることは簡単です。そんなときは親でなくても、多くの人が褒めてくれるでしょう。

しかし、子どもにとって本当に称賛の言葉をかけてほしいのは、失敗したり挫折したりしたときです。

励ましや慰めが必要な瞬間に親から褒めてもらった記憶は、一生に影響します。

私は自分の人生で最も緊張した日、修学能力試験（訳注：日本の大学共通テストに当たる）、本考査試験（訳注：大学別入学試験）の日を忘れることができません。

試験は、思ったほどうまくいきませんでした。

本考査はよくできましたが、修学能力試験の点数が思ったより取れなかったのです。

父の怒りと母の失望を覚悟して、家に帰りました。

ところが父は「ジウン、大丈夫だよ」と言うだけでした。父の慈しみ深い声を、私は今でも忘れられません。

そして父は、週末に俗離山《ソンニサン》に行かないか、と言いました。予想もしていなかった提案でした。

父がいつも忙しかったため、それまで家族旅行に行くことはほとんどなかったからです。

旅行の間だけは、試験についての心配を忘れることができました。


**子どもがつらく苦しいときに背中をなでて慰めてくれる人、大きな失敗を責めるより、まず抱きしめてくれる人生の先輩、それが親です。**


親は自分の経験を振り返り、そんな失敗は大したことではないと知っています。

また、すでに大人である親も、今も失敗しながら成長している未完の存在です。

不完全な自分を、いつでも包んでくれる人がそばにいるという安心感は、子どもの人生の大きな資産になります。

幼い頃自分がそうだったように、失敗したとき誰よりも悲しいのは、子ども自身であることを忘れずにいてください。

不安と恐怖におののく子どもが頼れるのは、誰でもない親しかいません。

叱られるべき状況でかけられる励ましの言葉は、涙が出るほどありがたいものです。

その記憶は、間違いを犯した絶望的な状況でも、再び起き上がる力と勇気を子どもに授けます。

# 親が持つべきマインドセット

# 親の焦りが子どもを不安にする

## 先回りし、促すことが与える緊張感

ある子どもの話です。

その子は親から、同じクラスの一人の子に絶対に勝つよう命じられ、同じ塾に通わされました。何とかして友達の弱点を探そうとし、少しでも勝てたときは嬉しさを隠せません。

優秀なライバルとの競争で勝ち方を身につけたおかげで、その子はめでたく名門高校に進学しました。

しかし結局、高校で深刻な燃え尽き症候群に悩まされることになったのです。

次第に親とのコミュニケーションも拒否し、学校をやめて治療に専念することになりました。

**友達への競争心が、強力なモチベーションになりうると考える親がいます。**

「少しでも頑張る気持ちが出て、うまくいけばありがたい」と思ったりもします。

そう思ったときは、子どもとしっかり目を合わせ、その心をよく探ってください。

優れた結果を出すことに対して、子どもが恐怖心や不安、緊張感を抱いていないか？

また、親もそうした不安感を無視して、子どもをおだてながら追い込んでいないか？

子どもに生じた燃え尽き症候群は、容易には解消されません。


わが子が競争で遅れを取るのではないか、という親の焦りは、しばしば利用されてしまいます。

オックスフォード大学の韓国人の学生の経験によると、幼い頃、塾では何か少しでもよくできると、さらに高度な学習をさせるよう親を過度に煽ったといいます。

算数ができるとわかれば算数オリンピックの勉強を、英語ができるとわかればTOEFL試験の勉強をさせるよう誘導し、少数精鋭の特別クラスに何とか子どもを入れたくなるような雰囲気が作られます。

特別クラスでは自分の学年より先の勉強を行い、高い点数が要求されます。

彼はそのような経験のせいで、かえって算数や科学に興味を失ってしまったそうです。

こうした塾は、少数精鋭のクラスに入れなかった子どもに、自分は劣っていると認識させます。

また、そのクラスに入った子には、目的指向的な競争意識と優越感を植え付けます。

過度に競争的なシステムの中で、子どもはメンタルを自力でケアすることができません。

たとえ集中教育が子どもの才能を育て、未来を描くのに大きく役立つという確信があっても、学習に対する子どもの意思には常に耳を傾けなければなりません。

もしも子どもが、競争に耐える準備ができていない状態なら、少々ゆっくりでも非効率的でも、子どもの才能を生かせる他の方法を模索してあげるのが親の役目です。

# 子どものために生きてはいけない

## 親が幸せに見えないと子どもは責任を感じる

子どもの教育のため、親は人生を変えるべきだと言う人々がいます。

これはつまり、子どものために親はすべてを犠牲にしなければならないという、恐ろしい意味です。

専門医の話によると、両親を対象にカウンセリングを行う際は、まず自分は何のために生きるのかと尋ねるそうです。

答えはほとんど、「子どものため」です。2番目を聞いてやっと、「自分自身のため」との答えが出るといいます。

しかしそれさえも、「子育てのために健康でいたいから」という理由です。

親の人生には、子育てという目標がびっしり詰まっているのです。

ひょっとして、「私がどうして生きてるのかわかってる？　あなたのために生きてるんだよ」などと言ったことがないでしょうか？

この言葉の中には、親があらかじめ設定した人生目標を、子どもが達成することへの期待が込められています。

親は自己犠牲をありがたがってもらいたいかもしれませんが、子どもにとっては単にプレッシャーです。

**「あなたのために生きている」と言う親が幸せそうに見えないとき、その原因は子ども自身ということになるからです。**

目標を達成できない経験が続いた子どもは、「自分は絶対に親を幸せにできない」という気持ちになってしまいます。

最初から自分に何も期待させないよう、反抗を日常的にくりかえしたりもします。

親はそんな子どもに対して失望し、裏切られたと思います。

しかし子どもは、自分から親の犠牲を望んだわけではないので腹が立ちます。

反抗する子どもと、エネルギーが枯渇していく親の典型パターンです。

こうした思春期の若者の行動パターンは、一夜にして形成されるものではありません。

親の期待と子どもの負担感が、累積して至る結末です。

子どものためにお金をかけすぎていないか、チェックしてみましょう。

韓国の教育費は、最高額を更新しています。子どもの数が減少している現実を考えると、一人当たりの私教育費が増え続けていることになります。

問題は、そうした巨大な教育支出が、必ずしも明るい未来を保障しないということです。

さらに悪いことに、**大きな投資を敢行した以上、子どもから投資費用を回収しようとする心理が働いてしまいます。**

子どもにまつわる悩みや心配で頭がいっぱいになり、自分の人生を忘れていませんか？

子どもの幸せな学び、幸せな人生のためにはまず、親自身が幸せでなければなりません。

自分のために消耗される親の人生に接していると、子どもは暗黙のうちに、親のために自分の人生を捧げなければならないような負担を感じます。

私たちは多すぎもせず、足りなくもない中庸を探るべきです。

夫婦や一人だけの時間で作られた和やかさは、子どもにも安定感を与えます。子どもに関係のない、好きな趣味を持つのもいいでしょう。

**自分と関係のない時間を、親が幸せに過ごす姿を見ることで、子どもは自分の時間と同じくらい、親の時間も大切であることを知ります。**

同様に、子どもと話す際、子どもの発言だけを尊重してはいけません。

自分が話し終わったら、次は親や他の人の話をきちんと聞く番であることを覚えさせましょう。

**子どもの誕生日と同じくらい、親の誕生日も盛大に祝ってみてはいかがでしょうか？**

母親の誕生日は父親と一緒に、父親の誕生日は母親と一緒に、家族みんなの記念日を祝う準備を分かち合うのです。

この過程で子どもは、自分の誕生日を家族がどのように用意して祝ってくれたのかを推し量ることになり、他人の記念日も自分の記念日と同じように大切であることに気づきます。


子どもの望みをすべて叶えてあげられなくても、申し訳なく思う必要はありません。

親は子どもの鏡です。

子どもの感情は、親の感情に大きく影響されます。親のしかめっ面やため息をつく姿ばかり見ている子どもが、明るく育つのは困難です。

ネガティブなフレームを介して世の中を見る子どもの学習が、うまくいくのも難しいでしょう。

親が幸せに過ごせば、子どもも幸せな人生を組み立てる力を得られます。

逆のことも言えます。

親は、子どもと一緒の時間を持つだけで幸せになるべきです。

家族のために人生を犠牲にしていると考えている限り、それは無理です。

## しつけは必要だ！

### 重要なのは家庭での一貫性

家庭は、子どもが属することになる初めての共同体であり、生きていく上で必ず知っておくべき規則を学ぶところです。

このため、ときにはしつけが必要になることもあります。

特に安全や衛生観念、人間関係などについては、必ずしつけを通じて教えなければなりません。

家という垣根を越えて幼稚園、学校と新しい環境に適応するために、絶対に必要なことです。

**しつけの際に重要なのは、内容を明確かつ正確に子どもに伝えることです。**

しなければならないこと、してはならないことをはっきりと、一貫性を持って伝えなければなりません。

相手にすまない気持ちはあっても、謝りにくいときに家族が使う「ごめんなさい」カード

妥協できないことが存在するという事実を表明する、断固たる態度が必要です。

ですが、子どもを怖がらせたり、脅迫したりしては絶対にいけません。

**攻撃的な言葉や非難するような口調では、大きな効果は得られません。**

**親の恐ろしい表情、ジェスチャーや声に怯え、怖くて肝心のメッセージが頭に残らないからです。**

しつけによって成し遂げたいのは、子どもが家の中はもちろん、外でもきちんと過ごせるようになることです。

抑圧的なしつけのせいで、親子関係が壊れてはいけません。

大人と同様、子どもも自分の過ちを認め、謝ることは容易ではありません。

そんなときは、子どもに時間を与えてください。

わが家では子どもたちが喧嘩をしたら、私たちはその場でどちらが悪いかは判定せず、まず感情を鎮められるよう2人を別々の部屋に入れ、5分ほど考えさせます。

**間違っていたとわかっていても、謝罪の言葉を口にしにくいときに備え、うちでは「ごめんなさい」カードを作っています。**

特に下の子は、自分が悪かったと言えないことが多いので、このカードを愛用しています。

しつけの際にはまず、親子双方が気持ちを落ち着かせましょう。

しつけが喧嘩にならないようにするためです。

しつけが喧嘩になると、お互い意図せずきつい言葉を言ってしまったりします。

何度か深呼吸をする、しばらく別々の空間にいるといった、感情を抑えるのに最善の方法をまず探してみましょう。子どもが興奮している状況下で、気持ちを落ち着かせるのは大変困難です。

ですがよく考えてみれば、私たちは家から一歩外に出れば、いくら腹が立ってもすぐにはその感情を露骨に表に出しません。

同じように子どもも尊重されるべき存在であることを、さらには親より未熟な存在だという事実を忘れないでください。

親が感情を抑える姿を見るだけでも、子どもは自分の感情をコントロールする方法を学べます。

しつけが終わったら、落ち着いて感情を共有しましょう。

「お母さんとお父さんは、こんな理由であなたのことが心配で腹が立った」と言ってあげてください。悲しんでいる子どもの心を、もう一度覗いてみましょう。

**しつけにおいて特に重要なのは一貫性です。**

**両親のしつけの基準がコロコロ変わったり、2人の間で意見が合わなかったりする**

と、親の言葉の権威が失われます。

そんな親の言うことに、子どもは耳を貸しません。


大切なのは、夫婦間の円滑な対話です。

いつ、どのようなやり方でしつけをするのか、合意点を見出しておきましょう。

そうでないと、しつけの効果が表れないばかりか、夫婦間でも摩擦が生じる恐れがあります。


夫と私は、娘たちが他人を配慮せず自己中心的に行動したときや、行儀が悪かったとき、理由もなく意地を張ったときに必ずしつけをします。

普段、夫は友達のような気楽なパパですが、しつけが必要な状況では厳格になり、私もそのときは父の威厳を立てます。

子どもには椅子に座って考えさせたり、反省文を書かせたりします。文章が書けなければ絵を描かせます。

自分の誤った行動をうやむやにせず、振り返れるようにするためです。

しつけが終わったら、全員で感情を和らげます。

ここで重要なのは、親も何か間違いを犯した場合、子どもたちにまず謝ることです。

こうした関係は、お互いの信頼形成のために大変重要です。

親が、自らの過ちを認める姿を子どもに見せることで、子どもも自分が間違ったら認めなければならないという事実を、自然に理解します。

子どもは悔しさを感じることなく、きちんとしつけを受け入れるようになるでしょう。

## 教育を完成させる最後のピース「父親」

――父親と形成した情緒的安定は子どもの自信になる

ビッグデータ専門家のソン・ギルヨン氏が、「パパ」という単語に対するビッグデータ分析結果を公開しました。

驚いたことに、「パパ」に関連する単語には「ソファー」や「リビング」が登場しました。

父親が子どもから最もよく受ける質問は、「ママはどこ？」でした。

家族の生活に、父親の存在感は希薄なようです。

子どもたちは些細なことから重要なことまで、母親とだけ話し合って決めます。

父はリビングのソファーでテレビを見て、寝ている人と思われています。

必然的に、子どもの教育は母親主導にならざるを得ません。

韓国で言われる、子どもの教育を成功させるための三条件の一つには、ほろ苦くも「父の無関心」が挙げられます（他の二つは、祖父の財力と母の情報力）。

子どもの教育に関心のない父親が、よい父親というわけです。

父親が子どもの成長に肯定的な影響を及ぼすことは、すでに多くの研究結果によって明らかです。

父親の育児参加は、子どもの思考力と頭脳の発達を助けます。

また、父親と結んだ情緒的な安定感は、新しい環境を探索する自信につながります。さらに、冒険的な行動を許容し、応援する父親の特性は、子どもの身体発達によい影響を与えます。

わが家の場合、しつけは夫の担当です。

私より夫のほうが、うまく感情を制御して話せるからです。

私たち夫婦は2人とも目が回るほど忙しいのですが、夫は何があっても土曜日の朝だけは、娘たちに最高の朝食を作ってあげます。

子どもと遊ぶときは子どもの目線に合わせて本気で遊び、水鉄砲で戦うときは家が揺れるほど大暴れします。

さらに、子どもたちがどんなに難しいお願いをしても、すぐにダメだとは言いません。

時間がなくて忙しいお父さんは、ノートでコミュニケーションすることも一つの方法です。

まだ字が書けない子なら、絵で伝えることもできます。

イギリスでは、平日の夕方や週末は家族と過ごすのが普通です。もちろん父親にも休息が必要ですし、週末をすべて子どもに割くことはできません。子どもとの時間は量よりも質です。短い時間でも集中して接しましょう。大切なのは言葉であれ行動であれ、コミュニケーションをすることです。特別なイベントをする必要もありません。家で簡単なボードゲームをしたり、近所の遊び場で遊んだりするだけでよいのです。

**寝る前にたった5分交わす対話でも、100%子どもに集中すれば、子どもは父親が自分の人生とつながっていると感じるはずです。**

私たち夫婦は、よく出張に子どもを連れて行きます。移動している間だけでも、子どもと密度の高い時間を過ごすためです。今年、私は招待されてコペンハーゲン大学に行く予定で、久しぶりに私が2人の子どもを伴い、夫なしで3人だけの時間を過ごすことにしました。

夫も私と同じように、子どもを出張に連れて行きます。

子どもたちは、父や母との時間を通じて幸せを作っていきます。

## 多すぎる塾や習い事が子どもをだめにする

――10のことができる人より、一つのことに情熱を注げる人が成功する時代

韓国の小学生は、放課後少なくとも一つか二つの塾に通います。

いつだったか韓国に帰ったとき、コンビニのインスタント食品で食事を済ませる小学生を見かけました。

しかも塾の時間が迫り、ゆっくり食べる余裕もありません。

**小学校1、2年生の子どもたちが、時間に追われながらコンビニのカップラーメンを食べたり、さらにコンビニにも行けず、塾の車を待つ間に急いでお菓子を口に入れたりするのです。**

小学校高学年になると帰宅は夕方6時以降、中高校生になると夜の10時になります。10代の青少年が、そんな夜中に帰宅する状況は異常と言えます。

家に帰ったら帰ったで、学校や塾の宿題をしなければなりません。「放課後にやることが多すぎる」、「やりたいことができない」、「疲れた」と子どもたちが言うのも当然です。

韓国の有名英語塾で小学生を教えた経験のあるイギリス人の友人は、「生徒たちが授業中に、タブレットなどで机を叩いてストレスを発散する姿を見て、とても戸惑った」と話しています。

放課後に子どもが国語、英語、数学などの入試予備校に通う国は、世界的にも非常に稀です。

さらに韓国の教育の現状は、これを煽っています。

誰もが自分の学年より先の勉強をし、しかもお互い競わなければならないので、おのずと塾の扉を叩くことになるのです。

また、ほとんどの塾が難度の非常に高い「レベルテスト」を行い、点を取れなかった生徒の親に、子どもを出遅れさせたという罪悪感、不安感を持たせます。

レベルテストに合格するために、より幼い頃から勉強するという悪循環に陥ります。

子どもの塾のストレスを、大人が知らないわけではありません。

むしろ、とてもよく知っています。

去年のEBS（韓国教育放送）の育児番組では、塾と試験の束縛に疲れてしまった10歳ぐらいの子が「地球が滅びてほしい」とまで言っていました。

共働きが多いため、子どもの教育には塾という選択肢が必要なのかもしれません。

そのときは子どもの興味を考えて、本当に望む1、2個の習い事にしぼりましょう。

友達に会って遊べる時間にもなります。

放課後に子どもを預かってもらうついでに、学業まで修めさせようという安直な考えは、子ども自身をのけ者にしています。

子どもと一緒に真剣に話し合い、子どもが望むこと、やりたいことを中心に塾の計画を立ててみましょう。

**今や10のことができる人より、一つか二つに対して情熱的に楽しく取り組める人が成功する時代です。**

下の娘のピアノのレッスンは、週に一度だけ、30分くらい。

彼女はレッスンを毎週楽しみにしています。

イギリスの習い事は、ほとんどこのように行われます。

週に1回短い授業を受け、残りの時間で子どもは自ら復習、練習します。

習い事が2、本人が8の割合です。

誰もがピアニストになったり、ノーベル賞をもらったりするわけではないので、無理する必要はありません。

韓国は正反対に見えます。

本人が2、塾が8です。

子どもは塾に引きずられて勉強します。自発的な学習効果は期待できません。

塾はただ両親が行けと言うから、友達が行くから惰性で行く場所になり、学習効果は低下します。

塾に通わせたいなら、親が一方的に通達するやり方ではなく、まず子どもの本音を聞いてみましょう。

ただし、そうして塾に通わせても、すべての教育の役割を塾に一任するのは危険です。

**子どもが塾で学んだことについて尋ね、2〜3分でもコミュニケーションを図ってください。**

コミュニケーションと言っても、つまりは子どもの話を聞いてあげることです。

きっと、学業意欲が高まるはずです。

親のこうした小さな関心を、子どもは大きな声援と受け止めますから。

# 一人の時間が持つ力

# 健全な関心、健全な無関心

## 心のこもった関心は子どもへの共感から始まる

子どもは養育される存在である一方、自ら成長する存在でもあります。

「養育する」という言葉には、親の役割がより強調されているように感じます。

親の存在が、子どもの成長に重要な役割を果たすという事実は否定できませんが、子どもの方でもそれなりにおのれの才能を発見し、自分の人生を開拓していきます。

自ら積み上げたものに対しては、誰もが格別な愛情を抱くようになります。

水が流れるように自然に、子どもたちには自分の人生を見つけていく時間が必要です。

そして親にはそれを待ってあげる忍耐心、あるいは傍観が必要です。

子どもを無視したり、放置したりしろということではありません。

**親と過ごす時間が短くても、時間そのものの質がよければ、子どもは一人だけの時**

**間もうまく過ごせるようになるということです。**

子どもたちが幼い頃、私は毎日ロンドンからオックスフォードに通勤していたため、子どものために多くの時間を割くことができませんでした。

その代わり、一緒にいられる朝食の時間を最大限活用することにしました。

出勤前は、必ず全員が食卓を囲んで朝食をとります。

会話のテーマは、前日の出来事やその日することなど。そのあいだは子どもの話に１００％集中します。

子どもたちが普段何を学び、何を考えているのか、どのように成長しているのかを知ることができる大切な時間でした。

出勤した後は、学校の仕事と研究に完全に没頭しました。夫も同じです。

仕事中は、子どもに無関心にならざるを得ません。

同時に、子どもたちは両親の視線から自由になることができます。

**子どもに向けたリソースや興味が減るとき、そこには子どもの主体性が生まれます。**

「よい意味の放任」はむしろ、親子双方にとってのガス抜きになります。

仕事が終わって楽な気持ちで会えば、互いへ向かう気持ちや好奇心が自然に生まれてきます。

たどたどしいしぐさの子どもを見ていると、親はどうしてももどかしくなり、助けたい気持ちになります。

実際に助けてあげなくても、子どもはそうした親の心をまなざしや表情、言葉から感じとります。

すると子どもは親に頼るようになり、依存心の強い子どもを見る親の心配はさらに膨れ上がります。

依存と心配という、切るに切れないリングが生まれるのです。

そうなると、子どもが何でも一人でたくましくやり遂げることは期待できません。

行き過ぎた親の愛情と関心は、子どもを縛る足かせです。

これは友人関係、恋愛関係など、どんな関係にも当てはまります。

自分の関心が、相手には干渉や執着と受け取られることもあります。
親子の間にも、健康的な関心と無関心がなければなりません。

なぜ、子どもに勉強してほしいのでしょう。
子どもの成績表を、自分の成績表だと思っていませんか？
自分に欠けていることを、子どもに補ってほしいと思っていないでしょうか？

当てはまるなら、それは子どもへの健康的な関心とは言えません。
必要なのは、子どもの幸せを心から望む気持ちです。

子どもに関心があることをアピールするために、「もう宿題は終えたのか」、「試験はよくできたか」、「友達はどんな塾に通っているのか」、「先生と問題はないか」といったことばかり尋ねていませんか？
これでは誰かに「会社の業務成績はどうか」、「来年は昇進できるのか」などと尋ねているのと同じです。

こんな質問をされて、はたして「こんなに興味を持ってくれてるんだな！」と思うでしょうか？

むしろ「どうして細かく干渉するんだろう？」と感じてしまうでしょう。

心のこもった関心は、子どもへの共感から始まります。

勉強への関心を、子どもへの関心だと思わないようにしましょう。

子どもとの会話の内容が、勉強だけになるのは危険です。

## 離れる準備をつねにしておく

### ——子どもの自立の練習は家庭から

子どもが小さな手足をぎこちなく動かして何かをしていると、かわいいけれどあぶなっかしくて、大きくなるまでは何もかもやってあげたい気持ちになります。

けれどもよく見てみると、幼くても子どものできることは案外多いのです。

小さなことでも一人でやり遂げたとき、子どもは大きな責任感と達成感を覚えます。

ここで、完成度は問題になりません。
子どもが何かをやろうとしたとき、
「だめ、やめなさい」「気を付けて」の代わりに
「いいね、やってみよう」と言ってあげましょう。
新しいことへの挑戦を肯定し、自信を持たせてあげてください。

娘は、一人でパンを作るのが好きです。

作ったことのある人はわかると思いますが、作業後は小麦粉や砂糖などでキッチンがとても散らかります。後始末も自分でさせています。

もちろん彼女はまだ小さいので、当然手際は完璧ではありません。

しかし、些細なことにも責任感を持たせるのが目的なので、それについては追及しません。


大切なのは、子どもが後片付けをした後で、親がやり直さないことです。

未熟な点を補ってしまうと、子どもはきちんと片付けることに対して責任感を持た

なくなります。

子どもには、きれいに片付ける能力より、やりたいことを最初から最後までやり遂げる自信と達成感、そのためには後始末もしなければならないという責任感もすべて抱え込める、たくましさを備えてほしいと思います。

こうした経験を繰り返しながら、子どもは自分でやり遂げる能力を育てていきます。母親は子どもたちの秘書でも、召使いでもありません。

家族はそれぞれみな尊重されるべき主体であり、同時に一つの家庭を構成するメンバーだということを、子どもは生活を通して実感しなければなりません。

わが家はよくゲストを招きます。

そのときは、子どもたちも必ず一緒に出迎えます。

ごく幼い頃から、子どもたちには簡単なことを手伝わせました。最近は私と夫が料理を作り、子どもがケーキを焼きます。

夫が朝食を作る土曜日の朝には、ときどき子どもたちが食事の準備をします。

レストランのようにメニューを作って注文を受け、忙しい母親においしい食事をサービスしてくれます。

こうして家事に参加することで、達成感が得られるのです。親への感謝はおまけです。

子どもたち主導でやっていることが、もう一つあります。

娘たちが動物の友達を欲しがりましたが、夫に犬アレルギーがあるため犬は飼えません。

悩んだ末、わが家では金魚を飼うことにしました。金魚を飼うためには水槽を掃除しなければならないし、えさやりも忘れてはなりません。

簡単なことではありませんが、私たちは金魚を飼う条件として、子どもたちに水槽を管理させることにしました。おかげで娘たちは、命に対する責任感を育んでいます。

経済教育も自立教育の一つです。

イギリスの子どもは、10歳になると政府から「チャイルド・トラスト・ファンド」

という基金を受け取ります。

成長し青少年になると多くがカードを作り、自分のお金を管理し始めます。

私の夫は母親を早く亡くし、20代の青年時代を父親と過ごしました。家事を父と分担し、父に毎月生活費を渡していたそうです。

イギリスでは不思議なことではありません。親の助けを当たり前だと思わず、親子間でも経済関係をはっきりさせます。

私はこれを薄情ではなく、健全な暮らしだと思います。


私も、娘たちにお小遣いをあげています。

今年の休みは特に忙しかったので、韓国出張の期間中、上の子のサラに妹の面倒を見るアルバイトをさせました。

1日に10ポンドずつ、100ポンド支給するという契約書を作成し、サインもしました。

サラは妹と生活するプログラムを組み、妹のご飯も準備して、私に日々のブリーフィングをしてくれました。

子どもたちは少しずつ成長し、いずれ大人になります。

私たちの役目は、子どもが大人になったときに自立できるようにすることです。

子どもを送り出してください。そうしないと、大人になっても親が人生を決めることになります。

自立に向けた練習は、家庭から始まります。

## 親は先生になってはいけない

教えるどころか、傷つける結果になる

新型コロナウイルスによる自粛期間中、韓国の本を娘たちと一緒に読んで翻訳するプロジェクトを進めました。

私が韓国語で本を読んであげると、娘が自分の考えを話してくれます。

その過程で私は、イギリスで育つ子どもたちが、韓国の過去と未来を展望しながらどんなことを感じるかを知り、たいへん多くを娘から学びました。

そのときだけではありません。日々の食卓で交わす対話からも、たくさんのことを教わります。

親と子は、人生の知恵を分かち合いながら成長できるのです。

プロの教師らは専門的な教育を受け、現場で実務経験を積んでいます。親が同じようにはできません。

家の中で子どもは、生徒である前に息子であり娘です。

勉強させる対象ではなく、愛を注ぐべき対象です。

**親は先生になるより、子どもの心強い支えにならなければなりません。**

子どもが小学校に入るまでは、親が家で簡単なカリキュラムを教えることはできます。

しかしそれも、お互いよい関係を維持する自信がある場合に限ります。

子どもに教えて喧嘩するくらいなら、プロの助けを借りた方が得策です。

学校や塾の先生は、子どもと感情的に分離しているからです。

学校や塾の先生だったら生徒に言わないこと（これもできないのか、あれも知らないのか、もう忘れたのか、など）を、自分の子どもにはつい言ってしまうこともあります。

何も教えられず、与えたのは心の傷だけということにもなりかねません。


自分の子どもを客観的に眺めることは、誰にとっても困難です。

子どもの勉強への期待値が高くなるため、満足しにくく失望しやすいのです。

小学生の自分の子どもとそのクラスメイトを大勢集め、家庭教師をした人の経験を聞いたことがあります。

彼女はわが子が友達よりも優れていないと、どうしても失望感を覚えたそうです。

自分の子どもの先生になるという目標は、実に成し遂げにくいことです。


『オックスフォード英語辞典』で「メンター」を引くと、「主に若く経験の少ない者に対し案内人や助言者の役割をする人、サポートや指導を提供する人、経験豊富で信頼できるカウンセラー、または友人、後援者」と書かれています。

親の役割は、教師よりもメンターです。

私たちは、子どもより先に人生を生きてきた先輩として、これからの人生をどう生きていけばよいいか、人生の大きな方向を示す人になりましょう。

つまり、人生の心強い道しるべ、サポーターです。


**計算問題をもう1問、英単語をあと1語教えるために、互いに失望し、傷つけあうのはやめましょう。**


私の父は公務員だったため、子どものときよく引越しをしました。そのたびに、新しい学校に適応するのが一苦労でした。学校ごとに学習進度もみな違います。

父が直接私に勉強を教えてくれることはありませんでしたが、私が新しい学校の勉強についていくために机に向かっていると、そばにいてくれました。

親がそばにいてくれるだけで、子どもは安心して勉強できます。

教師が教えることに重点を置く指導者であるなら、一方でメンターは子どもを導くことに重点を置く指導者です。

私の父は、私の人生のメンターだったと言えます。

幼少期には多くの場合、親がメンターの役割をしますが、それからも人生のあらゆる瞬間においてよいメンターは必要です。

子どもによいインスピレーションを与えそうな友達や年上、年下の子たちと交流させることも大切です。

親戚、近所の大人、親の友達もメンターになり得ます。

私の生徒の一人がしてくれた話です。

彼には9歳のときに出会い、交換日記を通じてお互いの夢を応援する仲になった友達がいます。

それぞれ学問とスポーツという別の道に進むことになりましたが、子どもの頃に交換したやりとりが、今も大きな支えになっているといいます。

スポーツ選手になった友達は、幼い頃、彼が渡したメモを財布に入れて持ち歩き、大会の成績に気持ちが揺れるたびに取り出して、気を引き締めるのだそうです。

人生にたった一人でもよいメンターに出会えれば、その影響力は計り知れません。

# 子どもとの信頼を築く最も確実な方法

## 言葉がけ、スキンシップ

神経の可塑性（153ページ参照）により、経験や周囲の環境に応じて、脳はその機能や構造を柔軟に変えていきます。

私たちが新しいことをすると、脳は新たな神経連結網を作ったり、それまで存在していた連結を強化したりします。

このおかげで私たちは異なる環境に適応し、新たな知識を学習するのです。

幼少期はもちろん、人生全般にわたって継続する現象です。

神経可塑性は、子どもがどう育つか、すなわち養育方法や環境に影響を受けます。

**研究によると、この際の子どもの脳の発達と学習量には、大きな関連はないそうです。それよりも親との連帯感、信頼、自律性などの方が、はるかに重大な影響を及ぼします。**

子どもにとって、スキンシップによる情報伝達は、言葉と同じくらい重要です。

幼い頃に親とのスキンシップを通じて愛着を形成した子は、そうでない子よりストレスをうまくコントロールします。

そうして形成された親和力は脳の発達だけでなく、身体発達にも肯定的な影響を及ぼします。

加えて、親子間の深い信頼は人生に対するポジティブな態度、倫理的価値観にも大きく関係します。

愛されていると感じられない子、自分が安全だと感じない子は、新しい挑戦に消極的です。

子どもとの信頼を築くために、子どもの存在そのものが大切であることを示しましょう。

愛情たっぷりの言葉を聞かせてあげてください。

この言葉は、条件つきではいけません。

テストの点がよかったから、本を読み終えたから、宿題を終えたからといった特定の理由で子どもを愛するのではなく、ありのままを愛していると感じさせましょう。

どんなふうに話すのかも重要です。

真心を込め、暖かく愛情のこもったまなざしや口調、声などの非言語的な要素を使ってください。


今日、子どもに「あなたがいることが祝福であり、贈り物だ」と言ってあげましょう。

「すくすく育ってくれてありがとう」という言葉もかけてください。

こんなことを口にするのは意外に恥ずかしく、うまく言えないかもしれません。

ですが、子どもも新しいことに挑戦するとき勇気を出します。

親も勇気を出すときです。

必要なら、鏡を見ながら練習しましょう。

いつ言えばよいのかわからないなら、一日の始まりや終わりに、ベッドにいる子どもに言ってください。

ときには、ホワイトボードやメモに子どもへの愛のメッセージを残しておきましょう。

照れくさくても、どうしても伝えたい親の気持ちを子どももきっと感じるはずです。

加えて、いくら強調してもしきれないのがスキンシップの大切さです。

**子どもと一緒に遊んでハイタッチをし、楽しい歌を聞きながら手を取り合って踊り、胸に抱いて本を読んであげるとき、私たちは温かい体温を通じて、互いが共にいる安心感をやりとりします。**

愛情を込めてスキンシップをしたいなら、肩や手足をマッサージし合うのもよいでしょう。

最強のスキンシップは、強い抱擁です。

愛情を込めた一言と共に、あるいは何も言わずに数秒間子どもを抱きしめましょう。

自分という存在が大切にされているという気持ちを受け取った子は、自分の人生を大切にすることでしょう。

**親との良好な関係は、親を喜ばせようとする気持ちと共に、学習へのモチベーションを強化します。**

親との関係が悪いと、親の喜ぶ姿はまったくモチベーションになりません。むしろ反抗心が生まれ、親の要求とは逆の行動をしようとします。

実際、こうした理由で、何もかもわざと真剣にやろうとしない子どもをよく目にします。

子どもの心強い味方になれという言葉は、子どもが間違ってもかばってやれということではありません。

子どもが失敗してもありのままを支持し、愛する親がそばにいるから大丈夫だという安心感や自信を植え付けようという意味です。

つらいことがあったとき、子どもがもぐり込めるのは母や父の懐です。

私たちは毎日子どもに、どんな親の顔を見せているでしょうか？

今すぐ子どもと一緒に
## コミュニケーション感覚UP!

### ○「大人の話に割り込むな」と線引きをしないで

年齢を、コミュニケーションの壁と思わせないようにしましょう。

### ○子どもが自分の意思を、はっきり口に出せるようにしてあげよう

考えや感情を、きちんと表現できる環境を作ってください。

### ○子どもと一緒に、良質な時間を過ごして

子どもに費やす時間が少ないことに、負い目を感じる必要はありません。時間は、量よりも質が大切です。帰宅時間が遅くても、朝や晩に少しでも子どもとコミュニケーションをとってください。

### ○週に一度でも、お父さんがおいしい料理を作って

いつも同じ料理でもかまいません。子どもと食事をしながら、コミュニケーションをとりましょう。

### ○親にも息抜きが必要

子どものことはしばし忘れ、自分だけの趣味を探求してください。親の幸福感は子どもにも伝わります。

### ○子どもを叱るときは、時間を置いて感情コントロール

感情に振り回されて、子どもを傷つける言葉を口にしないようにしましょう。

### ○しつけは断固とした態度で

泣いて駄々をこねる行動を子どもの武器にさせず、一貫した態度をとってくださ
い。

### ○子どももできそうな家事を探そう

家のことは、家族みんなのことだと実感させましょう。家族の力になれたとき、どんなに簡単なことでも子どもは大きな達成感とやりがいを感じます。

### ○親にも子にも、それぞれの時間と空間が必要

いい無関心の時間を、定期的に持ちましょう。

### ○スキンシップをたくさんしよう

抱きしめて、なでて、手をつないでください。愛の表現を惜しまないでください。

# 5章

## 幸せ感覚

幸せを感じられてはじめて
勉強感覚は完成する

アフタヌーンティーの３段のスタンドには、下から順に塩味のフィンガーサンドイッチ、スコーン、ケーキが置かれています。まず下の段の濃い塩味のサンドイッチで午後の空腹をなだめ、次は適度な硬さのスコーンにジャムやクリームを塗って紅茶と楽しんだあと、最後にケーキで締めくくるのが一般的です。

アフタヌーンティーのクライマックスは、甘いケーキを口にする瞬間です。人との会話で高揚した気持ちと口の中いっぱいのスイーツとが相まって、今日一日をより生きるに値するものにしてくれます。スイーツのないティータイムは、効果半分のティータイムと言えるでしょう。

先日10歳の下の娘に、どんなときが一番幸せかと聞いてみました。

家族や友達と一緒に過ごしているとき、と娘は答えました。

家族と人形遊びをするとき、みんなでテレビを観るとき、積み木をするとき、誕生日パーティーで友達からもらったプレゼントを開けるとき、夏に家族で海に遊びに行ったとき……こうした瞬間だそうです。


今日、さっそく子どもに聞いてみてください。

どんなときが一番楽しくて幸せなのか、最近どんなことがうれしかったか？

もしそんな瞬間を思い出せないなら、それは大きな問題です。

子どもに幸せな思い出を作ってあげることは親の役目です。


幼少期の教育の核心は、情緒教育です。

情緒教育の機会を逃してはなりません。

これだけは後回しにしても、塾に任せてもいけません。

方法は簡単です。

子どもを締め付けず、自由に解放して、共に時間を過ごすだけです。

物質的な豊かさを満たしたり、豪華な旅行に行ったりする必要はありません。

子どもが日常や自然の豊かさを少しでも多く感じ、楽しめるよう導いてください。

また、家族と遊び場に行く、公園に自転車に乗りに行くといった小さな経験の積み重ねが、子どもの情緒を発達させます。

たとえ忙しくても、家族と子どもの幸せな現在と未来のために、意志を持って空き時間を作りましょう。

さらにこれは、幸せな勉強とも深く関連してきます。

韓国では総じて学業への関心が高いわりに、いざ勉強の話になると退屈でつまらないと決めつけてしまう傾向があります。

イギリスの学生は、それぞれ自分の関心分野に関する話を実によくします。

考えてみれば当然です。

自分の好きなことについての興味深い研究やニュースがあれば人に話したいし、他の人の意見も聞きたい、話し合いたいという気持ちになるからです。

でもなぜ、韓国では大学内ですら、そんな話をすると冷ややかな視線を浴びるのでしょうか？

ほとんどの韓国人にとって、勉強はよい記憶ではないからです。

「数学の問題を全部解いたら、ゲームしていい」

「英語のテストでいい点数を取ったら、プレゼントを買ってあげる」

「高校まで一生懸命勉強すれば、なんでも好きなことができる」

子どもの頃に経験する勉強はつらく苦しいことで、他の面白いことをするために耐えるべき忍耐の時間です。

また、成績上位圏に入れなかった子どもたちにとっては、敗北感の原因です。

みな、勉強という言葉を聞くだけで息が詰まるのです。

ですから、誰かが「私は勉強が好きです」などと言ったら、変な目で見るしかありません。

イギリスに来て初めて中学生・高校生と会ったとき、自分が好きなことを堂々と話す姿が新鮮に見えました。

興味の対象は言語、地理、美術など、具体的で多様です。

その生徒たちは、全科目で成績優秀な学生ではありませんでした。

ただ、自分の好きなことを持っています。

成績優秀ではないという理由で、将来に対して無気力になる韓国の生徒たちとは違っていました。

イギリスの学生は、自分の好きな分野をより深く勉強するために大学に行きます。

進学先も、複数の大学を自ら見学して決めます。

大学卒業後に専攻とは違う仕事をすることになっても、常に関心分野の本を読み、趣味として勉強する人も多くいます。

親は子に、勉強は世界を知ることのできる、楽しいことだという事実を伝えなければなりません。

もちろん、まず自分が知ってこそ、教えることができます。

親も知ることの喜びを感じられるよう、努力が必要です。

子どもには遊ぶように、楽しみながら勉強させてあげましょう。

必要なのは、人生という勉強を楽しむ力です。

これから来る未来のために、あれもこれも我慢しながら、貴重な子ども時代を過ごさせてはいけません。

子どもと一緒に幸せな未来を、そして幸せな現在も描いていくこと。

親がしなければならない、最も大切なことです。

# 子どもを
# 勉強させる力

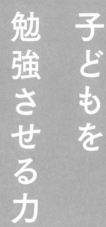

# 幸せに投資しよう

## ——子どもと1対1の時間を持つ

2010年、デューク大学医学部の研究陣は、幼児期から30代まで約500人を対象に行った追跡調査の結果、「優しく細やかな母親を持つ子どもは、そうでない子どもより回復力が優れており、ストレスや不安感がより少ない成人に育つ」という事実を明らかにしました。

この結果について研究者らは、愛情や信頼を感じるときに分泌されるオキシトシンというホルモンが決定的に作用していると見ています。

オキシトシンは、ポジティブな気分を誘発します。

そのため、愛情を多く受けた子どもは新しい情報に対して開放的で、ネガティブな状況をコントロールする能力に長けた大人に成長するのです。

彼らは人生に対して前向きな態度で臨み、すべての領域において高い達成度を示します。

子どもは、愛着関係を通じて自尊心を形成します。
特別な時間を子どもと一緒に計画し、幸せな経験を作りましょう。
多くのお金をかけたり、大げさなイベントにしたりする必要はありません。
肝心なのは、親も子も共に心ときめく時間を過ごすことです。

そうした時間は、努力もせず自然にやって来たりはしません。
幸福も、投資してこそ得ることができるのです。

**10歳までの勉強は、決して机の前の勉強ではありません。**
**幸せな経験をたくさん作り、世の中に対するポジティブなマインドを育てましょう。**

父親や母親が子どもと1対1の時間を過ごすと、お互いへの理解が深まります。
私たち夫婦は、夫と上の子、私と下の子、あるいは逆のペアを組んで時間を過ごします。

たとえば、上の子が夫とドライブに行っている間、下の子は私と書店に行ってホットチョコレートを飲んだりするのです。

夫が出張で家を空けるときは、娘たちと女子だけの「夜更かしおしゃべり会」の時間を持ったりもします。

こうした時間を過ごすことで、それぞれの親と特別な愛着が形成されます。

同じように、祖父母とこうした時間を持つのもよいでしょう。

KAIST（韓国科学技術院）のある教授が、引退されるときこうおっしゃいました。

「私たちは重要なことを『急ぎのこと』と『急ぎでないこと』に分類します。人々は差し迫っていて重要に見えることに時間を費やし、重要であっても急ぎでないことは疎かにしがちです。

急ぎで重要なこととは、納期を控えた会社の仕事や課題など。

急ぎではないが重要なこととは、健康、家族、幸せです」

急ぎでないということは、言い換えればもっとじっくり時間をかけて準備すればいいという意味でもあります。

今からでも、子どもとの「急ぎでないこと」をしっかり続けていかないと、親も子も当然享受すべき幸せを逃してしまいかねません。

## 習ったことよりも多くを学ぶ子の秘密

――つねに疑って疑問を持つ

韓国では、学校の授業より先の内容を勉強する「先取り学習」が行われます。

しかしイギリスでは、先取り学習をしている生徒を見たことがありません。イギリスの学校が提供する教育の速度はむしろ非常に遅く、特に初等教育の場合はさらに遅く進みます。

生徒に対する評価も、とても寛大です。

そのせいかイギリス在住の韓国人の親は、イギリスの学習進度をしばしばもどかしく感じるようです。

先取り学習にばかり集中した子どもの脳は、成長期に必要となる、世の中に対する質問ができなくなります。

新しい情報を吸収するのに忙しいからです。

学問を発展させる人々、社会に変化をもたらす人々は、勉強する内容をそのまま受け入れません。

つねになぜそうなのかと疑い、質問を投げかけます。

ソウル大学1年生のとき、国文学科のチョ・ドンイル教授から

「学者になるためには、少なくともこれから50年についてのビジョンと抱負がなければならない」

という話を聞きました。これはどんな職業にも当てはまります。

子どもたちは、これから生きていく50年を考えなければならないのです。

1991年にノーベル生理学・医学賞を受賞したエルヴィン・ネーアー教授は、韓国の研究者らに対し、独立したテーマで研究できるようになってほしいと言いました。

自ら考え、成長する余裕が必要だということです。

韓国はＰＩＳＡ（ＯＥＣＤ生徒の学習到達度調査）のような試験で着実に上位の成績を収めます。

しかし大学レベルに到達したとたん、学生の学業成就度は停滞します。


学期中でない、休みの期間はどうでしょうか？

長い休みは、子どもがゆっくり休息を楽しむためのものです。

しかし韓国の子どもたちは、むしろ休み中の方が忙しいようです。

先取り学習をするためです。


イギリスの子どもたちは休みの間、ファンタジー小説を書くなどの趣味に集中し、そのプロセスで才能が見出されたりします。

学期中にできなかったさまざまな経験を通じて、これからの学習に決定的に必要な、創造力と想像力を育てていきます。


イギリスの首相を務めたウィンストン・チャーチルは、名門ハーロー校を経てサンドハースト陸軍士官学校を卒業した秀才として知られています。

しかし10代の頃のチャーチルは、勉強のできない学生でした。ハーロー校の入学試験で、ラテン語とギリシャ語の答案を白紙で提出したのは有名な逸話です。


早く抜きん出ると周囲の期待値が高まり、かえって苦しむこともありえます。

子どもには、適切な学習速度があります。

早くたくさんやり遂げることを、強要しないようにしましょう。

子どもが健やかに幸せに学べるよう、学ぶことに対する思いと楽しさを失わないようサポートしてあげてください。

## 記憶力が落ちる子

### ――勉強が睡眠時間を削る

韓国のコンビニ、デリバリー飲食店、ネットカフェなどは、深夜も昼と同じように営業しています。

イギリスで暮らす者としては、とても便利そうに感じる一方、一体みんないつ眠るのだろうと思ってしまいます。


睡眠時間の不足は、大人だけの問題ではありません。

子どもの睡眠不足の主な原因は、「勉強」です。

韓国の子どもたちは、乳幼児期から学生時代を通して、ずっと寝不足の状態で過ごすのです。

イギリスの小学生は7時半になると寝ます。中学生も9時頃になると寝ます。

高校生でも試験期間中を除き、10時、11時過ぎまではめったに起きていません。

夜10時まで塾にいる韓国の学生からは、想像もできないことでしょう。


人間には、学習した情報を脳に安定的に定着させるプロセスが必要です。

これを「記憶の再固定化」といいます。

睡眠は記憶を固定させ、学習能力と記憶力にプラスの効果をもたらします。

逆に、十分な睡眠時間を取らないと、学習したことをスムーズに覚えられなくなります。

睡眠不足は脳の敏捷性《びんしょうせい》にも影響を及ぼすため、状況を洞察する思考力や、多様なアイデアをつなぐ創造力を低下させます。

全米睡眠財団が2015～2019年に、ノルウェーの青少年を対象に、睡眠不足と学業成就度の相関関係を研究した結果、睡眠時間が基準より足りないときは、数学と科学の達成率が、それぞれ18％と11％減少していました。

睡眠は、免疫力や情緒の安定にも重要な要因です。

十分な睡眠を取ってこそ、健康な体と爽快な気持ちで日課をこなすことができるのです。

しかしながら、睡眠より勉強優先が当然とされる環境の中で、多くの子どもが自分の健康状態をきちんと把握できなくなっています。

異常な信号を無視して我慢していると、体は鈍感になり、病気は静かに悪化していきます。

社会でも、こうした流れは続いています。

「過労死」は、東アジア文化圏でしか見られない表現です。

睡眠は、いわば幸福を追求する権利です。

人生の最も基本的な権利を、子どもから奪ってはなりません。

自分の体と心の状態をありのまま肯定できる環境は、幸せな人生のために必要なものです。

わが子が勉強のために健康を犠牲にしないよう、親は適切な睡眠のバランスを保ってあげましょう。

# 童心を守るべき理由

## 純粋さと想像力はインスピレーションと創造性に変わる

子どもには、純粋な心があります。

大人には、この童心を守る義務があります。

子どもの視線で、子どもたちを見なければなりません。


アメリカの教育改革家ジョン・ホルトは、子どもの学習と発達には、好奇心と創造性が絶対に欠かせないと述べました。

また、従来の詰め込み教育よりも、自然な欲求を育てて学習習慣に発展させていくことを強調しています。


彼はそれぞれの興味と情熱に従うよう子どもを導くことで、生涯の学びへの愛を育てることができると確信していました。

子どもの純粋さと想像力、すなわち童心は肯定され激励されて、インスピレーションや創造力につながっていきます。

私の下の娘は、朝あまり食べられません。

30分経っても食事が進まないので、私と夫は早く食べるよう毎朝言っていました。

ある日学校に送っていくと、一度校門に入った彼女が泣きながら飛び出してきて、私を抱きしめました。

そして私に、「ごめんなさい。私は朝はそんなにお腹が空いていないから、ちょっとだけ食べればいい。朝は食欲がないの」と言うのです。

つらかった朝食について、10歳になった子の本音をそのとき初めて聞きました。

子どもの朝食に関して、私はずっと自分が正しいと思っていました。

ですが、子どもの立場に立ってみれば、量が多すぎたかもしれません。

食欲のない子にとって、朝食をとることはどんなにつらかったでしょう。

10歳の子どもに大人のものさしを押し付けたのではないかと、家に戻る間ずっと考えていました。

自分の仕事が忙しいため、私は子どもたちにも私と同じようにてきぱき動くことを期待していました。

ですが、子どもにとっては巨人のような大人たちの世界で、効率的に動くことは容易ではありません。

階段を上り下りするのも、両親の歩幅に合わせて歩くのも、長い鉛筆を握って字を書くのも、重いコップで水を飲むのも、食器を使うのも、子どもには大変なことです。

子どもに、効率を強要しないようにしましょう。

**「早く早く」という単語を1日何回言ったか数え、回数を減らしましょう。**

腹が立ったりいらだったりする状況になっても、子どもの視線で考え直すと、たいてい気持ちが落ち着きます。

娘たちが小さい頃、義理の姉の家に行く車中で夫と言い争ったことがあります。理由は覚えていません。

そして義姉の家に到着するやいなや、下の子が笑いながら大声で、「パパとママが車で喧嘩した！」と言いました。

私は顔が赤くなったり青くなったりし、義姉もあっけにとられていました。

私の頭の中は子どもを叱る考えでいっぱいでした。

ですがしばらく気を鎮め、夕食を食べながらじっくり考えてみると、下の子に何ら過ちはありません。

子どもは見聞きしたことを、大人のように選別せずそのまま口にします。

実は責任の所在は、子どもの前で争った私と夫にあったのです。思わず笑ってしまいました。

子どもの童心を守るにはまず、子どもの気持ちを理解することから始めましょう。

**子どもの行動を大人の基準だけで判断すると、子どもは毎日わけもわからず怒られることになります。**

叱られ続けた子どもの行動は、次第に消極的または反抗的になっていきます。

そんなことになったとき、責任ははたして子どもにあるのでしょうか？

話せば親は聞いてくれると子どもが感じ、自分の考えを口にし始めたとき、私たちは子どものための教育を本当にスタートさせることができるのです。

# 四角いアタマを丸くする

## ぼーっとしなさい

――退屈な時間が好きなことに気付かせてくれる

ベネディクト・キャリーは、著書『脳が認める勉強法――「学習の科学」が明かす驚きの真実！』（ダイヤモンド社）の中で、毎日同じ方法で集中するのは誤った勉強法だと強調しています。

人間は、ロボットや機械とはまったく異なるからです。

代表的な事例が、「流暢性の幻想」です。

これは、同じ内容を繰り返し読むと、まだ熟知していない内容なのに、まるですべて知って記憶しているように錯覚する現象を言います。

書き取ったりマーカーで線を引いたりしたとき、この落とし穴にはまりがちです。

著者はむしろ、学習に本当に必要な要素は「忘却」であると主張します。

忘却は大量の情報のうち、重要なものだけを残しておくフィルターの役割をします。

何かを暗記してから一定時間が過ぎると、最近の事実や単語がよりよく思い出せるのもこのためです。

私たちの脳には「デフォルトモードネットワーク」というものが存在します。

このネットワークは、何もしていないとき、つまりぼーっとしているときに活性化します。

このとき人は過去を省察し、未来を展望します。自我意識を発展させつつ、自分について深く考察する力を持つことになるのです。

多くの人が、シャワー中に新しいアイデアが浮かぶといいます。

同じように私も、机の前では漠然としていた問題が、泳いでいるときや自転車に乗っているとき、散歩をしているときに解決することがよくあります。

逆に、視覚的な情報に集中したり暗記の課題を行ったりするとき、つまり私たちの関心が外部に向かっている状況では、このネットワークは無効化されます。

これは、子どもたちが長い時間机に向かって勉強するときにも当てはまります。

**何もしなくていい時間をあまり経験してこなかった子どもは、しばしばそんな時間を持て余します。**

**YouTube視聴でもゲームでもいいので、何かをしなければならないと感じるのです。**

しかも、これは快楽的でさえあります。

大人も同じように、眠る直前までスマートフォンを手にして、何かを視聴しながら時間を過ごすでしょう。

本人は休息のように感じていても、脳は刺激とともにむしろ多くのストレスを受けています。

疲れた脳は、学習に対して能率を発揮できません。

ぼーっとする時間は、自分の内面の声に耳を傾ける時間でもあります。

何もしない時間が足りないと、子どもは自分が何を好きで何が嫌いなのか、自分が本当に望むことは何なのか、よくわからないまま成長することになります。

子どもがスマホから離れ、自分自身や他人、世の中をじっくり眺められるよう、退屈を満喫させてあげましょう。

## 正しい自尊心を守るために

### 比較がはびこる社会で自信を育てる

自尊心という言葉を、傲慢、わがまま、自己中心といったエゴイズムと混同して解釈する人が多いようです。

しかし、自尊心は自らの価値を肯定し、自分を大切にする心です。

自尊心を持った子どもは安定的に成熟し、成長する傾向があります。

**健康な自尊心の形成には、幼少期の環境が大きく影響します。中でも決定的な役割をするのは、親の無条件の愛です。**

無条件の愛は、自分が愛される人間だという確信を子どもに与えます。

このような確信を持った子どもは、たやすく他人の評価に振り回されず、自分の考えや意見を堂々と表現します。

**無条件の愛を受けることで、子どもは自分自身への信念を持ちます。こうした子ど**

もは投げやりな人生を送りません。

そして、自分自身と同じように他人も個々に異なり、大切な存在であることを自然に認めていきます。

自分に対する肯定感が、他人との比較や競争に勝つことで形成されたものではないからです。

韓国では、ランクづけ文化が定着しています。

人々は、自分の相対的な社会的ポジションを確認し続け、安堵感と不安感を同時に抱きます。

学校では、成績によって誰かと比較した上位、下位が絶えず示されます。

外見についても同じです。標準的な美人やイケメンの顔を基準に、誰もが日常的に評価され、街頭を埋め尽くす美容外科の広告やモデルの姿は、見る人に自分の外見の短所を発見させせます。

子どもの自尊心を守る方法は、ただ一つ。

子どもに関心を向け、真の愛を感じさせてあげることです。
そのためにはまず、**子どもを安易に非難してはいけません。**
**そして、子どもが自分の考えや意見を表現できる、自由な環境を提供しましょう。**
自分の価値を知り、大切にする子どもは、簡単にネガティブな影響を受けません。
自身の能力と可能性を認め、これからの人生をわくわくしながら待ち望みます。
こうした自信と安定感は子どもの健康な成長にも、学習にも必要です。

## 子どもにどんな価値観を見せるか

――親の言葉と行動が違うことを子どもは知っている

価値観を教えることは、他のどんな教育よりも大切です。
正直さ、思いやり、誠実さなど、生きる上での行動原則となる態度を親は教える必要があります。

**子どもに、どんな価値観を持ってもらいたいでしょうか？**

**答えるためには、まず親が生きる上で重視することが何なのか、時間をかけて振り返ってみることが必要です。**

こうしたことが、子どもの教育が親の教育でもあると言われる点です。

どう生きるべきかを語るとき、その言葉は子どもだけでなく親自身にも向けられています。

私たち夫婦が子どもたちに大切にさせたいのは、「感謝」です。

イギリスでは家に招待されたり、誕生日やクリスマスにプレゼントをもらったりしたら、必ずお礼のカードを書く習慣があります。

そうしてプレゼントの本当の意味や、贈ってくれた人の気持ちを改めて心に刻むのです。

プレゼントをくれた人のことを忘れてしまうと、子どもの心に残るのは物質的な満足感だけです。

先日、家で次女ジェシーの誕生日パーティーを開きました。

何もかも準備したのは長女のサラと、サラの友達のルリです。招待状を作り、ケーキを焼き、さらにゲームの企画までしてくれました。

私は忙しくて一切手伝えず、ただパーティー当日にピザを注文しただけです。ですが、子どもたちのいるキッチンには、一日中笑いが絶えませんでした。パーティーは大成功、準備してくれたサラとルリもとても幸せそうでした。

パーティーが終わると、サラとルリはあまりに準備に熱中していたためか、ほぼエネルギー切れの状態でした。

ジェシーはその日もらったプレゼントにすっかり夢中になっていたので、私は「サラとルリにきちんとお礼を言い、後で手紙を書くように」と、そっと言ってあげました。

サラとルリはジェシーからお礼のカードをもらい、人のために何かをやり遂げた達成感を得たようです。

しつけのときと同じように、価値観を教える際も、やはり重要なのは一貫性です。母親が正しいと主張することと父親の主張が違うと、子どもは判断を下せなくなります。

親が習慣的に口にしている言葉や行動に、どんな価値観が含まれているかも考えてみましょう。

実際には親自身が、子どもに教えることとは反対の行動をとっているかもしれません。

たとえば、**社会的な成功よりも健康で余裕のある人生を歩んでほしいと言いつつ、一方で子どもが勉強を休むと叱ったり、よい成績をとったときだけ喜んだりすれば、どのように行動すればよいか子どもは混乱します。**

自分が本当に大切に思う価値とは何なのか、改めて考えてみましょう。

もしも自分自身が混乱しているようなら、まず必要なのは自分の価値観を見極めることです。

感謝、余裕、勇気、正義、情熱、創造など、数多くの価値観の中で、家族に追求してほしいと思うことについて考えてみます。

そして、どんな言葉や行動を選べばその価値観を実現できるのか考え、実践してみましょう。

言葉による教育より効果が大きいのは、親が普段見せる行動です。

私は夫と価値観についてよく話します。

- 生きる上で必ず守りたい価値観は何か
- そのためにはどう生きるのか
- 子どもたちにはどう教えればよいか

といったことです。

たとえば、私たちは家族間の幸せ、すべてに感謝する心、生きていく楽しさは絶対に譲れないと約束しました。

夫は子どもたちに冗談を言ったり、ふざけたりするのが好きです。

余裕を持って楽しく生きることを、子どもたちに学んでほしいと思っているからです。

最初、私はそうした軽い価値観を重要だとは思っていませんでした。

ですが年月が経ち、今は夫に共感しています。

私は子どもたちに、世の中は競争だらけで恐ろしいところだと身構えながら、必死に生きてほしくありません。

世の中は甘美で、生きる価値のあるところだと感じ、幸せになってほしいのです。


子どもにとって親は、世界そのものです。

子どもが人生に対しどんな信念を抱くかは、親にかかっています。

この世界が生きる価値のある場所だと、子どもに教えてあげましょう。

今すぐ
やらなければ
いけないこと

# 夢を持たせるには

――将来の目標を尋ねてはいけない

子どもには夢を持ってほしい。

ですがそれは、具体的な職業を目標にしろということではありません。

むしろ子どもには、妄想を抱いてほしいと思います。夢は非現実的かもしれないし、次々に変わるかもしれません。

小学生のとき、私の夢は画家、ランナー、軽食堂の主人でした。なぜ軽食堂かというと、トッポッキが大好きだったからです。

子どもに対し「身のほどを知れ」のような、疑念や不信、侮辱はやめましょう。「そんなものになってどうする」といった言葉も禁物です。

子どもは夢を肯定する言葉に、大きな影響を受けます。

韓国では、多くの子どもが小学校に入った頃から「大学入学」を夢に挙げます。

しかし親は、人生全般について夢見ることができるよう、子どもを導かなければなりません。

大学入試だけを目標にした学生は、大学に入ってさらに深く学び始めるべき時期に、勉強に対する動機と目的を失います。

自己実現、適性、進路体験など、自らの才能をより発展させるための活動をことごとく後回しにして、ひたすら大学だけを目指して勉強した結果です。

大学が絶対的な目標であるなら、なぜ大学に行くかを考える必要があります。そうすれば、大学で何を学ぶのかもおのずと答えが出るでしょう。どんな専攻でもいいから大学に行くといった態度は、人生全般に関わる専門性を訓練すべき20代の生き方に、悪影響を及ぼします。

かといって、夢を強要してもいけません。

最近の韓国の学習塾には、「小学生医大クラス」を作って、小学生に中学の教科を教える塾があります。

生徒たちは勉強が好きで、うまくいけばこのまま医師になっていく雰囲気の中で育ちます。

医師はもちろん素晴らしい職業です。ですが子どもが成長し、ふと自分の人生が完全に自分のものではないと感じた場合、大きな挫折感と不安を覚えるでしょう。

自分の人生を主体的に生きることができなかったと、自己嫌悪に陥ったりするかもしれません。

いろいろな夢を見られるよう、子どもを助けてあげてください。

想像の翼を広げ、自由に夢を見られるよう応援しましょう。

アインシュタインは、大きな夢を持った人には、多くのことを知る人より強い力があると言いました。

けれども、夢と、将来の目標を同義語のように考えるのはやめましょう。

私たちはしばしば子どもに、夢ではなく将来の目標を尋ねています。

一方イギリス人は、子どもに将来の目標をむやみに尋ねません。

小学生にもなっていない子どもに、どうして将来の職業のビジョンを鮮明に描くことができるでしょうか？

私は子どもの夢とは、未来につながる今の幸せ、あるいは今よりもっと大きな幸せだと思います。

そのため、子どもたちが楽しみを追求できるよう、興味の対象をつねに観察します。そして、子どもがうまくやり遂げたときは手放しで褒めます。

娘たちは何かを積み上げて作ることが好きですが、だからといって建築家やアーティストになれと言ったりはしません。

より楽しみを深められるよう、関連した資料や本をそっとそばに置いておくだけです。

# 勉強の最強の原動力

## 勉強と同じくらい本気で、遊びについて考える

これからの子どもたちには、食べていく方法よりも、人生を楽しむ方法を教えましょう。

イギリス人は、趣味を余暇の贅沢ではなく、人生の一部と見なします。趣味は単なる楽しみ以上に、日常から離れて自分を発展させる方法です。楽しみが幸せを作るという点で、趣味は人生の贅沢ではなく必須要素と言えます。

ソウル大学心理学科のチェ・インチョル教授の著書には、「幸せの天才には好きなものがたくさんある」という表現が出てきます。

また、ソウル大学幸福研究センターの調査によると、幸福感の高い人ほど好きなことが多く、そのカテゴリーも多様で、好きなことに関する説明も具体的だということです。

好きなことをうまくやり遂げた経験は、自負心と幸福感につながります。

アメリカの世論調査機関であるピューリサーチセンターが、先進国を対象に「人生を有意義にするもの」について調査を行いました。

「趣味や余暇」と答えた人は韓国では3％で、調査対象国の中で最低でした。それに対しイギリスは22％と、非常に高い数字です。イギリスに住んでいると、この調査結果は実際に肌で感じられます。

ほとんどの人が、自分だけの趣味を持っています。

絵画、編み物、楽器演奏、スポーツなど、種類はさまざまです。同好会で公演やトーナメント、展示会を開いたりもします。

このような環境で、学生も自分が好きなことを積極的に生活に取り入れます。

オックスフォード大学への進学を希望するある学生は、韓国で言えば高校3年生のクラスに通いながら、つねに絵を描き、編み物をしていました。

韓国だったら入試を控えた高3が趣味なんて、と苦言を呈されるでしょう。

別の中学生は、夏休みにファンタジー小説を書き、さらに好きなホッケーも頑張ると言っていました。

スポーツ設備を備えた島に家族で旅行に行き、2週間ほど運動して帰ってくるのだそうです。

学期中にストレスを感じたときは、スポーツやパン作りをするとのこと。いずれも、学校では模範生とされる生徒でした。

**イギリスで会った生徒たちは、勉強のために好きなことをやめようとは思っていません。**

**勉強も人生の一部、趣味も人生の一部です。それらのバランスを取りながら生きています。**

大学生も、社会人も同じです。クリケット、バレーボール、サッカー、ヨガ、ボクシング、綱渡り、筋力トレーニングなど、公園で見かけるアクティビティの種類もさまざまです。

先日ロンドンに旅行中、グラフィティ（道の壁画）を描く人に会いました。後ろ姿だけ見て声をかけたところ、振り向くとかなり年配の方でした。数年前に引退し、新しい趣味として始めたのだそうです。

その場所には子どもからお年寄りまで、さまざまな年齢層の人々が集まっていました。

人生を楽しむために趣味と仕事、趣味と勉強のバランスを取ることは、いわば習慣です。

習慣として身に付けないと、競争社会で人生を楽しむ時間を作ることは困難になります。

やがては、趣味や余暇の楽しみ方まで忘れてしまうでしょう。

子どもが、自分の性質に合った趣味を持てるような環境を作ってあげてください。

たくさんの人と活発に動くのが好きな子もいます。静かに本を読んだり、絵を描いたりするのが好きな子もいます。

一人ひとりの違いを理解し尊重しながら、「好き」という気持ちを失わないようサポートしてあげましょう。

勉強について悩むのと同じくらい、どうすればもっと子どもと楽しく遊べるか考えてください。

バランスの取れた生活の中で安定した情緒を育んだ子には、おのずと学習能力がついてきます。

好きなことを楽しんだ幼少期の思い出は、いつでも帰って行けるオアシスとして心に残るでしょう。

## だから、今、しなさい

――時間は10年しかない

子どもと集中的に親密度を高める時間は、案外長くありません。

中高生になると大きな試験があり、勉強の内容は難しくなって、量も増えます。

また、学校や塾、友人など、家族以外の人と家の外で過ごす時間がどんどん増えていきます。

こうしたことを考えると、親子が家で親密に過ごせる時間はそれほどありません。

おそらく多くの人が、自分の親とのことを振り返れば思い当たるでしょう。

緑の傘子ども財団による２０１８年の調査によれば、韓国の小学校４年生から高校生が家族と過ごす時間は、１日たった13分しかありませんでした。

そう考えると、**親と子が同じ時間を過ごし、優しくきらきらした思い出を作れる期間は10年くらいです。**

家族みんなで楽しめるゲームを用意してみてはいかがでしょう。

私の家では、夕食後にカードゲームをします。

みんなでテレビを観るのもいいですが、話をするならカードゲームに勝るものはありません。

毎日一緒に食事ができればいいし、食事の時間が会話でいっぱいになるともっとよいでしょう。

子どもに楽しく話させるには、親の口調も大切です。

「もう宿題は終わった？」、「ご飯を食べたらさっさと勉強しなさい」といった確認や指示の口調は、食卓を尋問の場にしてしまいます。

「今日はどうだった？」、「何か面白いことがあった？」のように、子どもの日常と感情を尊重して話しましょう。

そんな会話が交わされる家で、子どもは安心感を覚えるでしょう。

私の義父であり娘たちの祖父、つまり夫の父は、夫にとって本当に友達のような、何でも話せる人でした。

夫が若い頃低迷したときも、義父は責めずに待ってくれたそうです。

「幼稚園に行く道すがら、静かに話をしてくれた父の明るい笑顔を今でも思い出す」と夫は述懐します。

夫は父親から、美しい記憶を遺産として受け継ぎました。
私たちは子どもに、どんな遺産を渡すことができるでしょうか？

親孝行できる時間は、思ったより長くはありません。
同時にこの言葉は、子どもを愛する時間もそれほど長くないという意味でもあります。

父が亡くなる直前、私は父の前で、あまり会いに来られず申し訳なく無念な気持ち、悲しい気持ちを伝え、うなだれていました。
父は私の手を取り、「みんな忙しかったからね……」と言いました。

**私たちの人生は多忙です。**
**ですが、多忙な時間に日常を支配されるままにしてはいけません。**
大切な時間と経験を、人生の主人公にしましょう。
私たちは後で楽しもうと言いますが、後では遅すぎます。
今日を生きて、今もっと愛を分かち合いましょう。

## 今すぐ子どもと一緒に 幸せ感覚UP!

### ○幸せについて、子どもに聞いてみよう

いつ、どんなときに幸せを感じるか、子どもに聞いてみてください。

### ○学習を急かさないで

目の前の成果にばかり集中しないでください。子どもが自分の経験をしっかりかみくだき、きちんと消化するまで待ちましょう。

### ○「どう思う?」と、子どもの考えを聞いて

「ああ、そう考えることもできるね」と答えて、耳を傾けましょう。子どもが考えながら表現できる時間を、十分に与えてください。子どもの方からも、気軽に親の意見を聞ける雰囲気を作ってあげましょう。

### ○小さなことにも、感謝の気持ちを持たせよう

助けてもらったとき、プレゼントをもらったとき、当たり前のことと思わせないようにします。親も子どもに感謝の気持ちを表現します。

### ○家族が一緒にできるゲームをしよう

ゲームを用意しておき、決まった時間にみんなで楽しみましょう。屋外でできるスポーツもよいでしょう。子どもと一緒に笑って楽しんでください。

### ○一日に一度は、家族みんなで食事しよう

家族みんなが集まる、快適な食事時間を用意しましょう。家は幸せで安全な場所だと、子どもが思えるように。

### ○命令せずに、会話する

子どもの勉強ではなく、子どもそのものに関心を持ちましょう。

エピローグ

# 木蓮の香り

私は、典型的な「土のスプーン」の家で育ちました（韓国では、富裕層の子どもは「金のスプーン」、中間層は「銀のスプーン」、庶民層は「銅のスプーン」、その下は「土のスプーン」とされる。「親の経済力によって人生が決定され、本人の努力で社会階層が上昇することはない」という考え方を象徴している）。

ときどき、オックスフォード大学で教授をしている自分が、信じられないときもあります。

私に大きなモチベーションを与えてくれたのは、父です。

父は学ぶことが好きな人でしたが、家が貧しかったため1年の1学期で大学を中退せざるを得ませんでした。

お腹がすいたら水を飲んで空腹を満たしたという父の話を聞くたび、切ない気持ちとともに胸の奥から負けん気のようなものが湧き上がってきました。父を喜ばせるため、一生懸命勉強して成功しようと思ったのです。

私が幼少期を過ごしたのは忠清南道《チュンチョンナムド》の鳥致院《チョチウォン》と青陽《チョンヤン》です。青陽に住んでいた頃、クラスの中には本をふろしきに包んで山を越え、川を渡って学校に来る子もいました。10歳の頃その子の家に遊びに行ったとき、帰りは本当に怖い思いをしました。

山を越え、小川を渡って私を送ってくれた友達は、また一人で自分の家に帰っていきました。たまにソウルから転校生が来ると、みんな珍しげにその子の周りをぐるぐる回ったものです。

大学に入ってソウル出身の学生にコンプレックスも抱きましたが、田舎で過ごした子ども時代は、今の私の言語感覚の得難い基盤になっています。

小学校5年生のとき、都会に転校する私に先生が手紙をくれました。

「美しいものを美しく見ることができる目を持って成長してください」

この一節は35年が過ぎた今も心に響きます。

幼い頃よく山へ遊びに行っていたことを思うと、私は自然の美しさを見つけ、楽しむのが好きだったようです。陶器の商人をしていた祖母のリヤカーに乗って配達に行くと、春風が木蓮の香りを運んできました。今も私にとって、世界で一番甘い香りは木蓮の香りです。

コップに水が半分あるとき、半分しかないと考えることも、半分もあると考えることもできる。私が一番好きなたとえです。

教師や政府は、幼い子どもに幸せを教えられません。塾はなおのこと不可能です。率先して幸せを教えてあげなければならないのは、親です。

とはいえ何か新しいことをする必要も、親がすべての荷物を背負う必要もありません。

**子どもが飛び立っていけるよう翼をつけてやり、信じて愛してあげること。親の役目はこれだけです。**

育児や教育では、私も夫も失敗の連続です。でも、そうやって私たちも子どもと一緒に成長しています。

誰の人生にも厳しい時期があります。

そのたびに親が子どもの後押しはできませんし、してもいけません。子どもは巣の外へ飛び立つことを自力で学ばなければならないのです。

**親の役割は、子どもがしっかり一人で立つのを助けることです。絶えず信じて愛し、励ますこと。それがすべてです。**

あとはその子の力量に応じ、それぞれの道を行くでしょう。


子どもの教育に正解はなく、誰もがおのおのの最適な方法を見つけなければなりません。私の小さな経験が、少しでもお役に立てれば幸いです。

子どもが美しいものを美しいと思える、幸せで健康な人生を送れるよう、保護者の皆様の勇気の一助となることを願って本書を締めくくりたいと思います。

子どもの幸せな人生のため、何かをするのに遅すぎることはありません。

今日から始めればよいのです。

# 参考文献

本文中で言及された
研究および参考文献のリストは
下記のQRコードから
ダウンロードできます。
ぜひ子育ての参考にしてください。

https://d21.co.jp/download/senseofstudy.pdf

# オックスフォード式 勉強感覚の育て方
# 頭のよさは10歳までに決まる

発行日　2024年6月21日　第1刷

| | |
|---|---|
| Author | チョ・ジウン |
| Translator | 北野博己（翻訳協力 株式会社トランネット） |
| Book Designer | 小口翔平+青山風音（tobufune）／カバー<br>奈良岡菜摘／本文 |
| Publication | 株式会社ディスカヴァー・トゥエンティワン<br>〒102-0093 東京都千代田区平河町2-16-1 平河町森タワー11F<br>TEL 03-3237-8321（代表） 03-3237-8345（営業） FAX 03-3237-8323<br>https://d21.co.jp/ |
| Publisher | 谷口奈緒美 |
| Editor | 星野悠果 |
| Distribution Company | 飯田智樹　蛯原昇　古矢薫　佐藤昌幸　青木翔平<br>磯部隆　井筒浩　北野風生　副島杏南　廣内悠理　松ノ下直輝<br>三輪真也　八木眸　山田諭志　小山怜那　千葉潤子　町田加奈子 |
| Online Store & Rights Company | 庄司知世　杉田彰子　阿知波淳平　大﨑双葉　近江花渚<br>滝口景太郎　田山礼真　徳間凜太郎　古川菜津子　鈴木雄大<br>高原未来子　藤井多穂子　厚見アレックス太郎　金野美穂<br>陳玟萱　松浦麻恵 |
| Product Management Company | 大山聡子　大竹朝子　藤田浩芳　三谷祐一　千葉正幸　中島俊平<br>青木涼馬　伊東佑真　榎本明日香　大田原恵美　小石亜季　舘瑞恵<br>西川なつか　野﨑竜海　野中保奈美　野村美空　橋本莉奈　林秀樹<br>原典宏　牧野類　村尾純司　元木優子　安永姫菜　浅野目七重<br>神日登美　波塚みなみ　林佳菜 |
| Digital Solution & Production Company | 大星多聞　小野航平　馮東平　森谷真一　宇賀神実　津野主揮<br>林秀規　福田章平 |
| Headquarters | 川島理　小関勝則　田中亜紀　山中麻吏　井上竜之介　奥田千晶<br>小田木もも　佐藤淳基　仙田彩歌　中西花　福永友紀　俵敬子<br>斎藤悠人　宮下祥子　池田望　石橋佐知子　伊藤香　伊藤由美<br>鈴木洋子　藤井かおり　丸山香織 |
| Proofreader | 株式会社鷗来堂 |
| DTP | 有限会社一企画 |
| Printing | シナノ印刷株式会社 |




ISBN978-4-7993-3045-6
OXFORD SHIKI BENKYOKANKAKU NO SODATEKATA by Jieun Kiaer